5「レスポンスの速さ」

ある課題をクリアすると、
すぐにその効果を実感できる

6「適切な難易度」

取り組んでいる物事が、難しすぎず、
かといって易しすぎない

7「自分で状況をコントロールしている感覚」

自分が取り組んでいる物事の状況を正確に把握し、
その物事を自分が望む方向にコントロールできていると
感じられる

8「活動自体に価値を見出すことができる」

活動の結果として得られる報酬が目当てではなく、
活動自体に価値を感じて取り組むことができる

これらにプラスして、

9「他者に妨害されない環境」

電話が鳴る、
誰かに話しかけられるなど邪魔されることがない

も大切！

お金を生む無限ループ

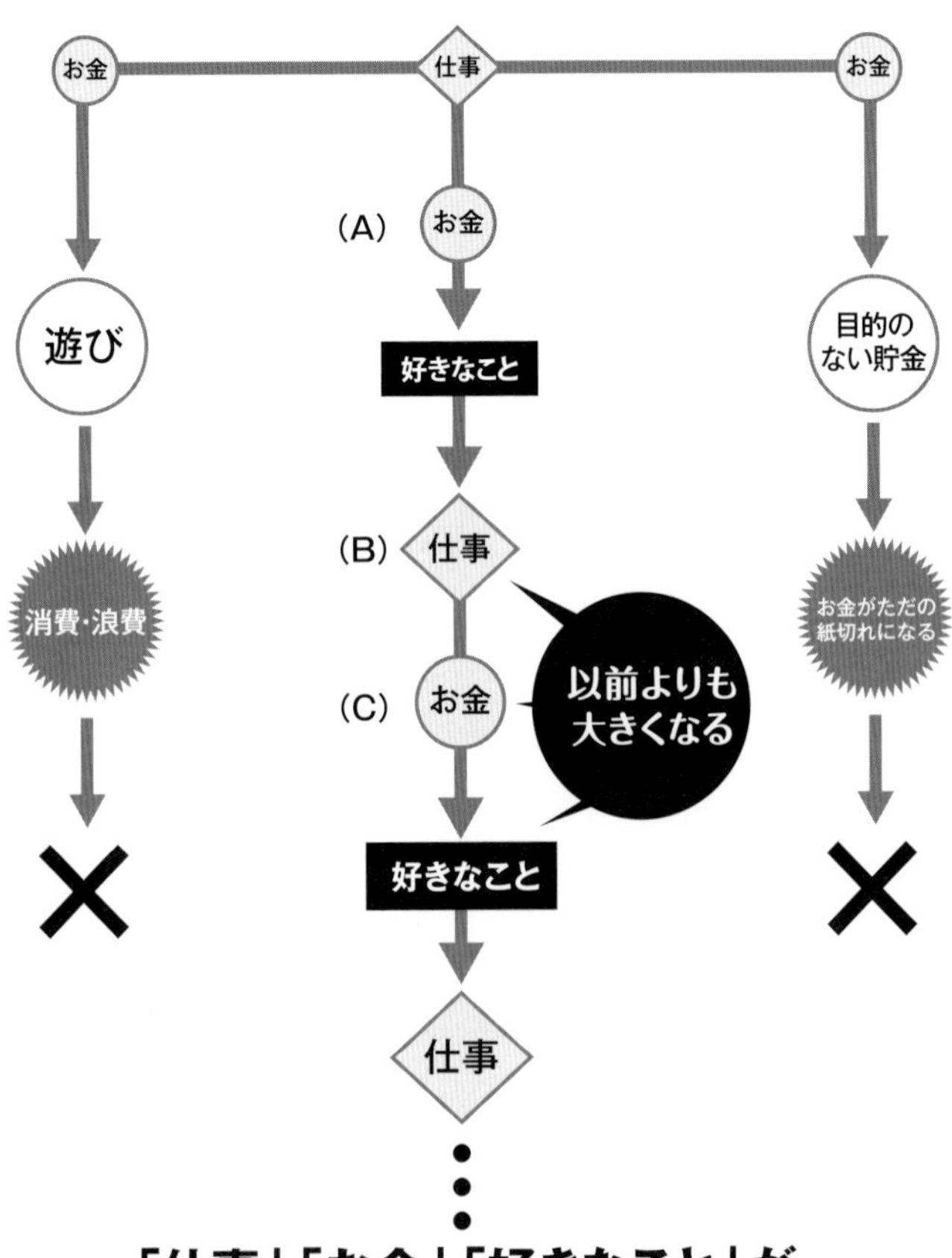

「仕事」「お金」「好きなこと」が
ぐるぐる回る無限ループができる

今の仕事が「本当に好きなこと」かわかる! 9つの質問

□1　あなたは仕事の目的を即答できますか？

□2　仕事中は集中できていますか？

□3　仕事中、作業に30分以上没頭して周りが見えなくなることがありますか？

□4　仕事がある日は1日を短く感じますか？

□5　今日の仕事で得られた成果について即答できますか？

□6　あなたの仕事は未知への挑戦が多いですか？

□7　仕事のスケジュールや内容を自分でコントロールできている感覚がありますか？

□8　あなたの仕事場は作業を誰かに邪魔されにくい環境ですか？

□9　毎月働いて得られるのと同じ給料が働かなくても自動的に振り込まれるようになったとしても、今の仕事を続けますか？

フロー体験の8つの構成要素

1「明確な目的」

何のためにそれをやっているのかという明確な目的があり、かつその目的を実現するための手段や、それをやるとどうなるかという予想も、ある程度ついている

2「集中」

たくさんの物事の中からそのことを選択し、
時間やお金などを集中してもいいと思える

3「自意識の低下」

我を忘れた状態になれる

4「時間の歪み」

そのことをしている時は、時間が短く感じられる。
時間感覚が、短縮、圧縮される

「好き」を「お金」に変える心理学

メンタリスト
DaiGo

PHP研究所

あなたの人生の幸せには、どのくらい「お金」が必要ですか？

稼ぐだけでは、幸せになれない

あなたは今、「お金」の悩みを抱えていますか？
もっと自由に使える「お金」があったらいいのに……と思うことがありますか？
では、いくらあったら十分だと感じるでしょうか？　少し考えてみてください。

以前、私はこんなストーリーを読んだことがあります。
それは１００億円の資産を持っていた資産家が、投資で99億円を失い、自ら命を絶つ皮肉な短編でした。あくまでもフィクションですが、冷静に考えれば資産の残りは1億円。生活に困ることのない蓄えがあって、十分に再起は可能です。
ところが、このストーリーの資産家は資産の99％をなくしたことの衝撃を受け止めることができず、自ら再起のチャンスを永遠に手放してしまいます。

改めて質問します。
あなたは自由に使えるお金がいくらあったら、十分だと感じるでしょうか？
100万円、1000万円、1億円、10億円、あるいはそれ以上でしょうか。
本書では「お金」の悩みからあなたを解き放つ、ある考え方をお伝えします。

それは「お金」と「幸せ」のバランスです。

このバランスをわかっていない人は、100万円、1000万円、1億円、10億円……いくらお金が入ってきたとしても、一瞬は満足するものの、すぐに十分ではないと感じるようになります。今のままでは仮にあなたが一等前後賞7億円の宝くじに当選したとしても、得られたお金は十分な額ではないと感じ、不幸せな未来へと歩んでいってしまうことでしょう。

なぜなら、自分が満足でき、充足する環境を知らないからです。

例えば、私たちがカフェでコーヒーを頼むとしましょう。店によってはサイズを聞かれ、自分の好みに合わせて注文すると、コーヒーは適度な大きさのコーヒーカップに入って出てきます。

でも、もし頼んだコーヒーがビアジョッキになみなみと注がれて出てきたら、どう思うでしょうか？

何かの間違いだと思った後、こんなにいらない、飲み切れない、もったいないなど、様々な感情がわき起こるはずです。

ところが、同じことが入ってくるお金について起きた場合はどうでしょう？

予定されていたボーナスに比べて、何倍もの額が振り込まれていたとしたら？

ほとんどの人はラッキーだと感じるはずです。

コーヒーの場合は自分の適量に合わせて、注文をショート、トール、グランデと変えていくことができ、いたずらに大きなカップを求めない人も、お金に関してはルーズになってしまいます。

なぜなら、今の自分がおいしく飲めるコーヒーの量はわかっているのに、お金に関しては物差しがなく、適量をわかっていないからです。

自分にとっての適量がわかれば、満足し、充足して、幸せを感じることができます。ところが、お金の場合、自分にぴったりの器がわからない。これが冒頭にお伝えした「お金」と「幸せ」のバランスです。

あなたのバランスは整っているでしょうか？

日本人のほとんどは「お金」の使い方を知らない!?

整っているとはいえないと思ったあなたも、安心してください。

「お金」と「幸せ」のバランスは、その成り立ちを知り、正しく対処していくことでいつからでも整えることができます。

足りないのは知識と実践です。

なぜなら、日本ではほとんどの人が「お金」に関する勉強をすることなく、社会に出ていくからです。**その結果、本当に多くの方が「お金」の稼ぎ方と使い方に関して大きな誤解をしたまま、最も大切な「お金と幸せの関係」をうっすらとしか理解せず、大人になっているのです。**

私もメンタリストとして活動し始めて以降、つい数年前まで自分なりのバランスを知らずにいた一人でした。

大学在学中にメンタリストとしてテレビに出演するようになった当時、取り巻く環境の変化に驚きながら、次々と仕事をこなしていました。パフォーマーとして番組に呼ばれては、マジシャンや超能力者のような演出を施されます。

そして、その番組が高い視聴率をマークすると、ますますテレビ的なパフォーマンスを求められ、活動内容は自分の意図していた方向から離れていきました。

それでもお金はどんどん入ってきます。

ぽっと出の大学生が1年後には、予想もしていなかった大金を手にしていたのです。仕事の内容が自分にとって居心地の悪いものになればなるほど、私の気持ちは「お金」

に傾いていきました。

これだけもらっているのだから、これくらいは我慢する。これだけ我慢したのだから、これくらいはギャラをもらわなければ割に合わない。お金を基準にし、お金を追いかけることで不幸せな状況から目を逸らしていたのです。

そして、稼いだお金を調子に乗って使っていました。

夜の街で一晩に何百万円も使う人たちと付き合い、彼らのマネをして一時的な満足感を得ていた時期もありました。


それは飲み切れないサイズのコーヒーを頼み、持て余しているのと同じで、まったく意味のない行動です。

自分の求める容量にあったサイズのカップであれば十分に入っているコーヒーも、飲み切れないサイズのカップに入れると、ほんのわずかな量に見えます。**すると、人の心は「足りない」と錯覚します。そして「もっと欲しい」と思うのです。**

こうして欲にまみれ、お金に価値基準を委ねた人は、飲み切れないサイズのカップにどんどんコーヒーを注ぎ足していきます。注ぎ足しても、注ぎ足しても、足りない、足りない。これが「お金」と「幸せ」のバランスを大きく欠いた状態です。

高収入でも家計が破たんしてしまう理由

例えば、日本では年収800万円にもかかわらず家計が破たん寸前という家庭が少なくないといわれています。国税庁の平成27年分民間給与実態統計調査によると平均給与は420万円（1年を通じて勤務した給与所得者の一人当たりの平均）ですから、年収800万円というのはかなり上位に位置します。

つまり、この所得層の人たちは「お金」を「稼ぐ力」は十分に持っているのです。ところが、彼らの多くは将来に漠然とした不安を感じるだけでなく、稼いだ以上に使ってしまい、「お金」を失ってしまう傾向にあるのです。

なぜ、こんなことが起きてしまうのか。**そこには、「イースタリンの逆説」という法則が、関係しています。**

これはアメリカの経済学者リチャード・イースタリンが唱えた説で、「貧しいときには収入が増えると幸福感が増す。しかし、年収が一定レベルに達すると、それ以上、収入が増えても幸福感は変わらない」というものです。

その後、2010年にアメリカのダニエル・カーネマン教授が行った調査でも年収7万5000ドルを超えたあたりで幸福感の増加がストップする、という結果が出ています。

つまり、お金を稼ぐことと幸せは、ある地点から無関係になっていくのです。

例えば、あなたの年収が300万円、400万円、500万円と増えているときには、収入の増加に合わせて「お金」の「使い方」の選択肢が増え、幸福感が高まります。高いレストランに行き、今までよりも高価なアクセサリーや洋服を買うことができ、行きたかった旅行に行けるようになるからです。

ところが、年収が700万円を超えたあたりから、収入が増えることで得られる幸福感が小さくなってきます。なぜなら、自分にとってのお金の適量をわかっていない人は、満足感や充足感を得られる「使い方」ができないからです。

すると、「こんなにがんばって働いて、以前よりも収入が増えたはずなのに、おかしい」と感じるようになります。そこでさらなる幸福感を得るために、それほど欲しいわけではないモノ、必要性の低いモノにも大金を投じるようになります。

高級車、ブランド品、豪華な旅行……。しかし、それは本当にあなたが求めている「お金の使い方」ではありませんから、いくら消費をしても満足感や充足感にはつながりません。

その結果、一部の人たちは自分の身の丈をはるかに超えるようなモノに手を出し始めます。彼らはお金を使うことで、幸せが得られると錯覚してしまい、最終的には家計が破たんするまで、使い続けてしまうのです。

自分にとって十分な額のお金を知っていますか？

私たちは入ってくるお金が増えれば、幸せになることができると考えがちです。しかし、どんなにお金の稼ぎ方を知っていたとしても正しいお金の使い方を知っておかないと、人は幸せになれません。

生きていくために「稼ぎ方」を知るのはとても重要ですが、幸せになるためにより大切なのは、「使い方」です。

その点、「お金」と「幸せ」のバランスが取れた人は、自分にとってのお金の適量を理解したうえで、十分な額のお金の稼ぎ方を知り、生きたお金の使い方をしています。

私は一度、メンタリストからの引退宣言をしました。パフォーマンスをすべて辞めて、テレビ出演もきっぱりと断りました。結果、月収が3万円まで落ちたのです。その代わり、とてもたくさんの時間ができました。そこで、私は「自分は何をやりたかったのだろう?」「どんなことが好きだったのだろう?」と考えました。

新しい知識を求め、本を読み、世界を広げていくこと。それが自分にとって人生の中で一番楽しいことであり、価値あることだったと思い出したのです。

衣食住に困らず暮らせて、好きなだけ本を読めればいい。

これが私にとって、ちょうどいい器でした。

本を読むことをお金の使い方の柱とした場合、出費は本の購入、快適な読書環境の追求、本を読むための時間を作ることの三つに絞られていきます。

自分の知識欲に沿って好きなだけ本が買えること。

誰にも邪魔されず、気分よく集中して本が読める環境を整えること。

買った本を読むための時間を捻出する自由を手に入れること。

私はこの三つのことにお金を使うことで、幸せになれます。そして、それが実現できるだけ稼げば、幸せな状態を維持できるわけです。

こうなると、お金に振り回されることはなくなります。

いわば、自分の必要量が入るお気に入りのコーヒーカップに、満足できる量の八分目か九分目くらいのコーヒーが入っている状態です。小さいカップでは溢れてしまい飲みづらく、大きすぎるジョッキでは飲み切れず、胃もたれます。

つまり、自分の好きなことを掘り下げ、自覚することで「お金」と「幸せ」のバランスが見えてくるということです。

「お金」の悩みからぬけ出すためには、自分が満足できる器、充足感を覚える環境がどのようなものかを知ることが欠かせません。

お金について考えることは、あなた自身を掘り下げ、幸せにつながる道を探りだす行程でもあるのです。

第1章では、お金の使い方に関する三つの誤解を紹介します。そこにはあなたが今、抱えている「お金」の悩み。その原因を解き明かすヒントが散りばめられています。

CONTENTS

「好き」を「お金」に変える心理学

CONTENTS

prologue

あなたの人生の幸せには、どのくらい「お金」が必要ですか？

第1章 幸せを遠ざける、お金に関する不都合な三つの事実

第2章 「好きなこと」を極めるために大切なこと

CONTENTS

CONTENTS

■編集協力　佐口賢作
■装丁　一瀬錠二（Art of NOISE）
■本文デザイン　株式会社光雅
■本文イラスト　久保久男
■撮影　鶴田孝介
■ヘアメイク　永瀬多壱（VANITÉS）
■スタイリスト　松野宗和
■衣装協力　麻布テイラー　tel: 03-3401-5788

第1章

「好き」を「お金」に変える

幸せを遠ざける、お金に関する不都合な三つの事実

お金に関する
誤解
1

お金を使うのは悪いこと

今、あなたの目の前に福沢諭吉の描かれた1万円札があるとしましょう。

もし、私が「この1万円を差し上げます。自由にお使いください。ただし、条件が一つあります。1時間以内に使い切ってください」と言ったら、あなたは何にお金を使いますか？


使い道をイメージしていただく間に、少し別の話をしましょう。

考えてみると、貨幣というのはとても不思議な存在です。

例えば、小さな子どもの場合、1000円札のお小遣いよりも、500円玉を喜ぶことがあります。金額の大小の感覚がないうちは、貨幣価値として2倍の価値があるお札よりも、金属のコインという実体のある硬貨に魅力を感じるからかもしれません。

一方、紙幣はいってみればただの紙です。火をつければ燃えてしまい、風に飛ばされてどこかに行ってしまえば、あなたが持っていたはずの1万円分の価値はどこかに消えてしまいます。

そんな不安定な存在が貨幣として認められているのは、みんながそれに価値があると思い、商品やサービスの対価として受け取ってくれるからです。

さて、そんな1万円札を手にしたあなたは、どこへ行き、何に使うのでしょうか？とびきりおいしい食事を楽しむのもいいかもしれません。ランチタイムの1万円なら、選択肢の幅はぐっと広がります。

あるいは、棚からぼたもち的な1万円だからこそ、宝くじ売り場に向かう人もいるかもしれません。ロトやナンバーズなら、何百倍、何千倍になって返ってくる可能性もゼロではありません。

もちろん、趣味に必要な道具を買う資金にするのもいいですし、使い方は自由です。家事代行サービスを利用して、その分できた空き時間を自由に使いたいと考えるのもいいでしょう。

ちなみに、私だったらまず間違いなく大型書店に足を運びます。1万円あれば心理学などの専門書や洋書が2、3冊は購入可能です。何を買うかを選ぶ楽しみも含めて、私にとってその1万円を使う時間はとても価値のあるものになります。

しかも、購入した本をじっくりと読み込んで、頭に入れ、参考になった部分を行動に移すことで、確実に1万円以上の利益が返ってきます。

一方、宝くじやギャンブルにつぎ込んだ場合、1万円以上になって返ってくる可能性は少ないでしょう。おいしいランチもすばらしい体験になりますが、その体験を活かすというのは料理人でもなければなかなか難しいかもしれません。

その点、家事代行サービスで時間を買うというお金の使い方は、買った時間の活かし方次第で将来のリターンが期待できます。

つまり、お金の使い方には、大きく分けて二つのパターンがあるわけです。

一つは、一時的な喜びが得られる単なる消費。もう一つは、将来、収入という形で戻ってくる可能性のある投資です。

お金の使い方をしくじっていませんか？

冒頭にあなたがイメージした1万円の使い道は、どちらの使い方に当てはまるでしょうか？

お金の悩みから自由になれる人は、使ったお金が増えて返ってくる使い方をしています。使ってすぐに商品やサービスを得ることができ、その場その場が楽しくなる使い方が消費や浪費だとすると、将来お金が返ってくる可能性のある使い方は投資です。

この違いを知り、財布からお金を出すとき、この使い方はどちらかな？　と意識できるかどうか。これがとても大事なことです。

ところが、お金の稼ぎ方を知る人ほど、この違いに無頓着になり、消費や浪費の気持ちの良さ、心地よさに引っ張られ、お金の使い方をしくじっていきます。

例えば、私がメンタリストとしてテレビで頻繁にパフォーマンスをしていた頃のこと。私自身も忙しいスケジュールと望まない仕事内容へのストレスが高じる一方で、入ってくるお金は増え、結果的に使い方をしくじる日々が続いていました。

本を買っても読む時間がなく、本棚に積み上がる本を見たくないので家に帰りたくない。その結果、テレビを通じてつながった様々な業界の人たちと夜の街に出ることも多くなりました。

すると、ＩＴ系の成功者、金融業界のトレーダー、不動産業界の若い経営者など、お金を持っている人たちとの交流も広がります。彼らは本当にお金の稼ぎ方をよく知っていました。

月に何百万円、何千万円というお金を稼ぎ出します。綿密な戦略を立て、効率的に仕事をし、大学を出たばかりの私には想像もつかない額のビジネスを動かしているわけです。

ところが、そんな彼らが夜になると、無計画に一晩で500万円くらい使ってしまう。何かの記念日や次のビジネスにつなげるためのパーティなどでもなく、ただただ快楽的に消費し、浪費してしまうのです。

「お金を使う」＝「悪いこと」という誤解

本人のお金ですから、他人がとやかく言うことではありません。それでも間近でそういったお金の使い方を目にすると、疑問に感じます。

なぜ、彼らは昼と夜でまったく違う表情を見せ、お金に関しても稼ぎ方と使い方では真逆なほど得手不得手が出てしまうのか。

これは集中力の源となっているウィルパワー（意思決定力）と関係しています。このウィルパワーには一定の量があるため、日常生活の中で使うたびに少しずつ消耗してしまいます。

彼らは稼ぐ力を発揮するビジネスタイムにウィルパワーをすべて使い切ってしまうので、オフタイムには誘惑に弱く、刹那的（せつなてき）な判断しか下せなくなってしまうのです。

一方で、お金を持っていて、人より体力もあります。

その結果、無計画に一晩で５００万円も使ってしまう消費、浪費につながってしまうのです。

もちろん、そこまでの額の消費、浪費ができるのは一部の人たちだけです。しかし、あなたの周りでも同じメカニズムは働いています。

・飲み会の帰り、それほど空腹ではないのにラーメンを食べてしまった。
・忙しく取り組んでいた案件が終わった日の夜、ネットでついつい高額の商品を買ってしまった。
・付き合いでデパートのセールに行って店を回っているうち、買うつもりはなかったのに「安いから」「今買わなくちゃ損かも」と買い物をしてしまった。
・ダイエット中、ふと魔が差したようにハイカロリーのケーキを食べてしまった。

日常の中にあるこうしたご褒美消費なども規模こそ異なるものの、将来にはつながらないお金の使い方です。

そして一般的にはこうした消費、浪費を戒める意味で、「お金を節約しなさい」「若いうちから貯金をしなさい」とアドバイスされるのです。ところが、正しいアドバイスだからこそ、**いつからか「お金を使う」＝「悪いこと」と捉えられるようになってしまいました。**

これが、私たちを縛っているお金に関する大きな誤解の一つです。

使うことは良くないという意識だと、使い方について深く考える機会を逃します。むしろ、稼ぐことや貯めることに意識が向かい、努力をする。それは悪いことではありませんが、人はストレスに弱い生き物です。

どうしても使うことは悪いことという縛りを破り、ストレスを発散してしまいます。

稼ぎ方を磨いても、使い方をわかっていなければ、積み重なった苛立ちを発散するための消費、浪費を繰り返してお金は逃げていきます。

大切なのは二つあるお金の使い方を知り、日々、自分にとって投資となる使い方を意識すること、お金の使い方について知ること。使ってこそ、増えていく使い方を身につけていくことです。

正しいお金の使い方に欠かせない「選択と集中」とは？

とはいえ、生きていく間に使うお金すべてを投資にまわすことはできません。

そこで、重要になってくるのが選択と集中です。

何に重点的にお金を使うか。どの使い方に投資の習慣をつけるよう心がけていくか。どんなふうに使えば、将来お金がお金を連れて返ってきてくれる可能性が高いか。こうした点を踏まえたうえで、選択し、集中することです。

ヒントは、過去のあなたの経験にあります。これまで没頭した趣味やスポーツ、仕事を思い出してみてください。

例えば、私は数年前からジムでのトレーニングが生活に欠かせない習慣の一つになっています。成果がしっかりと目に見え、なおかつロジカルに鍛えられることが性に合っていたのか、それまで運動にはほとんど魅力を感じていなかったにもかかわらず、今では毎日体を動かすようになりました。

自分の性に合う好きなことのいいところは、誰に言われることなく、研究し、学びながら取り組める点です。

この重さのバーベルをこの角度で持ち上げると、この筋肉に負荷がかかり、鍛えられていく。そんなことを自分の体を通して体感しながらトレーニングを続けていると、スポーツは好きでもジムトレーニングは苦手という人と比べて効果が出るのも早く、さらにモチベーションも上がっていきます。

あるいは、ゴルフを始めたばかりの社会人でも1回のラウンドでゴルフが性に合った人と、上司に気を使いながら回って嫌いになってしまった人では、その後の成長度は大きく違ってきます。

好きになった人は、練習しながらもラウンドをイメージして、自ら考え、試し、修正しながら技術を向上させることができます。

つまり、同じコストをかけながら、より多くの学びと体験を得て、将来の自分へのリターンを得ているわけです。

お金をただの紙切れにするか、価値ある紙切れに変えるかの分岐点

同じことはお金の使い方にも当てはまります。

お金を使ったことで、将来的にその額以上のリターンが返ってくる条件としては、使い道があなたの好きなものであるかどうかがポイントです。好きなことであれば、同じ1万円でも自動的により習熟しようとし、技術的な高みに向かおうとするので、将来的に成果となって返ってくる可能性が高まります。

だからこそ、自分の好きなこと、得意なこと、心から欲していることには惜しまずお金を使うことが大切。それは他人から見ると一見、もったいない消費や浪費に見えても、必ずあなたの中に知識や経験という財産として残り、出て行ったお金は将来よ

り多くのお金を引き連れて返ってきてくれるはずです。

ところが、二つのお金の使い方を切り離して考えられない人は、節約し、ムダなものに使うお金をなくし、貯めることが正しいという考え方になります。この考え方のすべてを否定するわけではありません。

ムダを省き、まとまった額のお金を保有するのは大切なことです。ただし、重要なのはお金がまとまったところでどうするか。**そのまま漠然と貯めておくのは、意味のない行いです。**

貯まったお金は、必要なところでは惜しまずに使っていきましょう。

メリハリをつけ、自ら選択した特定の場所に集中させること。節約や倹約は、そのための資金作りとして役立てましょう。

それが1万円を使ったとき、将来の10万円、20万円の価値へとつなげられる人と、消費、浪費の快感で終わってしまう人の違いです。

紙幣という紙切れを、ただの紙切れにするか、価値ある紙切れに変えるかは、あなたのお金の使い方次第なのです。

「好き」を「お金」に変えるために

■お金を使うときに「これは浪費。これは投資」と分けて考える

■「お金を使う＝悪いこと」という意識を捨てて、増える使い方を身につける

■選択と集中で「好きなこと」には、惜しまずお金を使おう

お金に関する
誤解
2

貯金が成功への近道

日本人は世界で最も貯金が好きな国民だといわれています。

実際、国民全体の貯金額は約920兆円あり、約500兆円とされるGDPの約1・8倍もの額を現金・預金で持っているのです。家計の金融資産に占める現金・預金の比率を他の国と比べてみても、アメリカ約14％、ユーロ圏約34％に対して、日本は約53％とその高さがうかがえます。

それだけの貯金を持っているにもかかわらず、さまざまな意識調査で日本人の多くが将来に不安を抱えていると答えています。

しかも、東京スター銀行がビジネスパーソンを対象に行った貯金に関するアンケートでは、日本人の8割の人が「特に明確な目的や使用用途がなく念のために貯蓄」をしており、4割の人が「人生設計（ライフプラン）を持っていない」と回答しているのです。

お金の使い方に対して深く考えることなく、なんとなくお金を貯めている実態が見えてきます。しかも、ライフプランがないということは、地図も持たずに金庫を抱えながら旅を続けているようなものです。

とはいえ、貯金には一定の心理的なプラスの効果があります。

例えば、資産を持つことが人に自信を与えてくれるのです。

貯金、金（ゴールド）、クルマ、不動産といった資産を持つことは、人に自信を与えてくれます。すると、考え方、行動の仕方も変わってくるのです。

例えば、異性にモテない人の共通点は容姿や学歴、稼ぎではなく、自信の有無にあります。自分に自信がないから相手の目を見て、「好きだ」「付き合って欲しい」と意思をしっかりと伝えることができない。大事なことを言おうとすると目が泳いでしまいます。こんな自分ではダメなのではないか……と、思いを伝えることすら躊躇（ちゅうちょ）してしまうようになる。

自信のなさが考え方、行動をネガティブな方向に歪めてしまうのです。

しかし、なんらかのきっかけで自分に自信を持てるようになると、思いを素直に伝えられるようになります。

資産を持つことで、手っ取り早く自信を回復させる。恋愛においては、これだけであなたを取り巻く環境が大きく変わっていくはずです。

というわけで、貯金に一定のメリットがあるのは事実です。しかし、私は「お金と幸せ」のバランスを追求していくと、貯金がデメリットとなると考えています。

貯金によって自信がつく!?

たしかに貯金を増やすことは、誰にも悟られず、こっそりと自信を高めるための自己暗示となります。瞑想などで精神を自分の力でコントロールすることは可能ですが、効果を実感できるまでには長い時間がかかります。

その点、資産という目に見えるモノは、すぐに心の拠り所となり、あなたに自信をもたらしてくれます。

しかし、ここで忘れてはならない重要な注意点が一つあります。

それは資産によって与えられた自信は、本物の自信ではないということです。

資産に頼り、資産があるから自信があるという状態に陥ると、人はお金のために動くようになります。**稼いだお金が減らないように貯金を繰り返し、今、あなたが立っ**

ている地点を守ろうとし、変化を嫌うようになります。

例えば、冬の訪れとともにホルモンバランスを崩し、活力を失ってしまう人は少なくありません。これは日照時間の短縮によるセロトニンの分泌量の減少が原因と考えられていますが、その分泌はジョギングなどの一定の運動でも補うことができます。

つまり、気力の減退に効果的なのは体を動かすことなのです。ただし、そのとき最も億劫なのは、体を動かし始めること。一旦、立ち止まり、満足してしまうと新たな一歩を踏み出すのが怖くなります。

同じように貯金も一度、100万円、300万円など、ある一定の額まで貯まってしまうと、それを下回らないよう、無意識に思い切ったお金の使い方をしないようリミッターがかかるようになります。

しかし、自信を本物に変えるためには、行動を起こし、新たな体験を積み、成功でも失敗でも動いたことによって得られる結果を体感することが不可欠です。

手に入れた資産を本当の意味で自分のものにするには、自己投資を行うこと。そうやって手に入れた自信は、仮に資産が目減りし、なくなっていったとしても、誰もあなたから奪うことのできない能力となり、自信の源となるのです。

一番ムダなお金の使い方とは？

あなたが学生時代から大好きだった海外アーティストの来日公演があったとしましょう。あなたはあらゆるツテをたどり、入手困難なチケットを譲ってもらえることになりました。しかし、そのチケットはＶＩＰ向けの特別席で価格は１枚50万円。貯金を切り崩せば手の届く額です。

ここで見ておかなければ一生後悔するほど好きなのであれば、１枚50万円のチケットの購入は浪費ではなく、将来のあなたのための投資になります。ここで思い切って貯金を切り崩し、買うことができるかどうか。長年の夢だったライブをすばらしい席で体験するかどうか。この選択が一つの分岐点となります。

そして、チケットというのは手に入れただけでは、ただの紙切れにすぎません。当日、会場に行って初めて価値ある紙に変わるのです。

お金も同じです。選択と集中を行うべきときに使わず、口座に預けたままにしておいても、それは通帳の数字の羅列にすぎません。後生大事に持っていて、「次こそは」と思っていても、二度とあなたの大好きなアーティストは来日しないかもしれません。

お金には、ここ一番という使うべきタイミングがあります。そのタイミングを逃さずに活かすのは、人生において貯金よりも価値あることです。

ただ使わないまま持っていることほど、ムダなお金の使い方はありません。

ところが、日本人の多くが貯金の常識に縛られ、お金を抱え込んで人生の終盤を迎えています。旭化成ホームズが2013年に行った調査によれば、65歳以上の世代が所有する相続対象の資産総額の平均は約4700万円だそうです。

このうち土地や建物の平均想定評価額は約3000万円、貯金や株式などの金融資産と生命保険が平均約1700万円となっています。

これは「別に貯める気はなく、使いたいことには使っていたが、たまたま結果的にそれだけの金額が残っていた」というよりは、「こつこつと貯めたお金を使わずにずっと持っている」というケースのほうが、圧倒的に多いのではないでしょうか。

あなたはこういう生き方を、うらやましいと思いますか。

私は、もったいなさを感じてしまいます。

本当はお金を使いたいことがあっても、使わずに我慢してずっとお金を貯めてきたのでしょうか。しかし我慢は、何かを得るためにするものです。ダイエット中の人が食事の量を減らすのは、痩せることで理想としている体を手に入れるためです。

仮に何も得られるものがないいまま、節約して、なんとなく貯めていき、最後までお金を使わなかったとしたら、「いったい何のために我慢したのだろう?」ということになります。

もしその1700万円を、しかるべきタイミングで自分や家族の幸せや成長のために使っていたなら、人生の終盤の景色はがらりと変わっていたはずです。

貯めるべきは、お金よりも努力

あなたが今、毎月確実に貯金をしているとしたら、その目的は手元にあるお金を増やすことだと思います。しかし、その行為自体が、逆に将来の収入を増やすことを妨げている可能性があるのです。

「留学するための学費を貯める」

「独立のために準備金を貯める」

そんなふうに何か明確なやりたいこと、将来に向けた目標があって、その資金のために貯金をする場合を除き、私は貯めること自体が目的の貯金には意味がないと考えています。

貯金をするお金があるのなら、使ったほうがいい。とはいえ、けっしてムダ遣いを勧めているわけではありません。

明確な使い道を定めたうえでの貯金は、将来にリターンをもたらすお金の使い方だといえます。**しかし、なんとなく貯めているうちに、それが自分の支えとなり、目的が貯めることにすり替わっていくとチャンスを逃すことになります。**

そのチャンスとは金儲けのチャンスではなく、あなた自身が成長していくためのチャンスです。将来、成功して大きな収入を得るためには、自己投資が不可欠です。

特に20代、30代は、貯金よりも将来に向けた経験や体験、勉強にお金を使うべきでしょう。それがあなたを成長させ、必ず大きなリターンとなって返ってきます。

考えるべきなのは、節約してお金を貯めることではなく、自分の成長のためにどうお金を使うか、です。

身も蓋もない言い方になりますが、仮に月収が20万円、ボーナスが年間100万円の若い会社員がコツコツ貯金をしたとしても、年間に貯められる額は限界があります。

それを何年も繰り返すくらいなら、月収を30万円、50万円に伸ばしていくためにはどんな自己投資が必要か。**今の自分に最も役立つお金の使い方を真剣に研究するほうが、将来のリターンは大きくなります。**

現状のままでやりくりしてなんとか積み上げていこうという発想は捨てましょう。貯めるべきなのは、お金よりも努力です。

お金は自分や他人に投資して増やしていくべきもので、コツコツと蓄えたところで自分の現在の収入以上に貯めることはできません。そうやってチャンスを逃してしまうくらいなら、確実な自己投資を行い、今の自分を超える成長につながる努力を積み重ねていくべきです。

「好き」を「お金」に変えるために

■ 貯金だけでは本物の自信は身につかない。自己投資にお金を使おう

■ ここ一番というタイミングでは、迷わずお金を投じる

■ 特に20代、30代は貯金よりも経験、勉強に投資する

お金に関する
誤解
3

お金は
使うとなくなって
しまう

三つ目の疑うべきポイントは、「お金は使うとなくなってしまう」という常識です。

ここまで「お金の使い方は選択と集中が大事」「貯めるだけでは意味がない」という話をしてきました。そして、第1章の最後に私がお伝えしたいのは、「無限ループ」という話です。

お金の無限ループとは、好きなことを選択し、そこにお金を集中して使っていると、あなたの稼ぎ方に磨きがかかり、結果的に収入が増えていくというサイクルのこと。

こういうと、お金の常識に縛られている人は、「そんなうまい話はあるはずがない」と思うかもしれません。しかし、「お金」と「幸せ」のバランスをうまく確立し、幸せな人生を歩んでいる人の大半は、このサイクルの延長線上で今の立場を作っています。

「好きなこと」にお金を使うと、その「好きなこと」がお金を生んでくれるという無限ループ。そのメカニズムを整理すると、次ページの図1のようになります。

「お金」を手に入れたら、それを「好きなこと」に使います（A)。「好きなこと」にお金と時間を投入して、その分野についての知識やスキルを高めていけば、それが「仕

〈図 1〉

お金を生む無限ループ

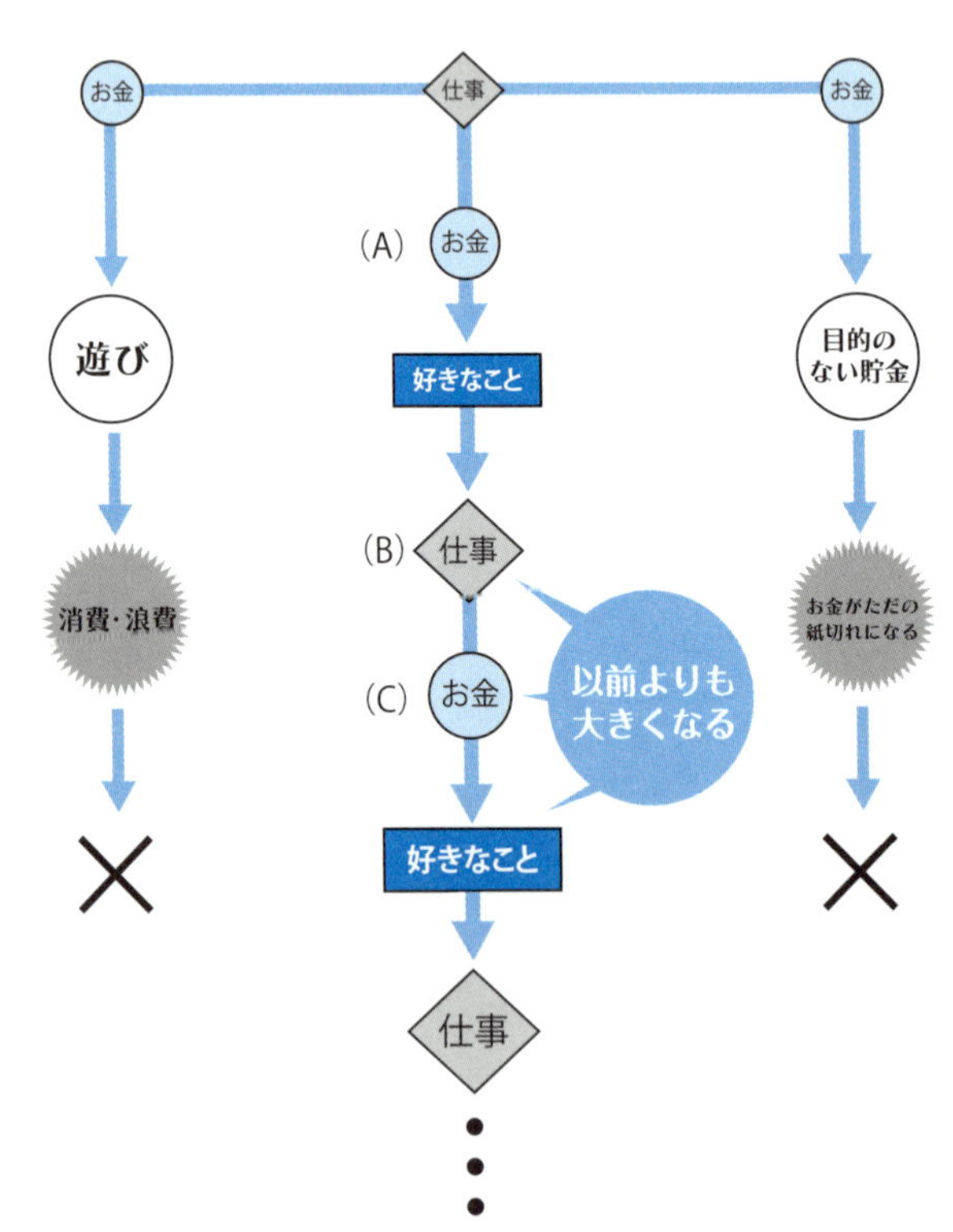

「仕事」「お金」「好きなこと」が
ぐるぐる回る無限ループができる

事」につながります（B）。その「仕事」はその人しかできないものですから、得られる収入は以前よりもずっと高い金額になります（C）。

こうして「お金」→「好きなこと」→「仕事」→「お金」というように、矢印がぐるりと一回りするループができるわけです。

このループは、一回りでは終わりません。

ループによって得た「お金」を、また「好きなこと」に注ぎ込みます。

以前よりもたくさんの金額を「好きなこと」に投入できますから、その「好きなこと」をより存分に楽しむことができます。得られる知識やスキルもさらにレベルアップします。

すると新たに依頼される「仕事」も、さらに難度が高いものになり、もっと高い収入が得られるようになります。

そしてそのお金をまた「好きなこと」に注ぎ込めば……。

このように、「お金」と「好きなこと」と「仕事」がぐるぐる回る無限ループができあがるわけです。

無限ループを回せるようになれば、得られる収入はどんどん増えていくので、お金

の心配をしなくてすむようになります。またそのお金を全部好きなことに投入できるので、いつも幸せでいられるわけです。

リスクを取ってでも好きなことに投資するべき理由

人はお金を稼ぐだけでも、使うだけでも幸せにはなれません。ビリオネア（億万長者）と呼ばれる人たちに「なぜ、お金を稼ぐのか？」と聞くと、彼らの返答には「自由に生きるため」「人に指図されずに生きるため」という言葉が含まれています。**お金を貯めこむためではなく、自由に生きるために稼ぎ、使っているのです。**この感覚は、私にもよくわかります。

私自身、大学で人工知能に応用できるマテリアルの研究をしていたにもかかわらず、その過程でメンタリズムに出合い、気づけば在学中にメンタリストとしてテレビなどに出演。それがそのまま職業となって、今に至っています。

当時、日本にはメンタリズムという言葉もメンタリストという職業もありませんでした。流行り廃りのサイクルの早いテレビ業界の慣習に則っていれば、一過性のパフォーマーとして使い捨てられる可能性もありました。

それでも私は自分の好きな道がこちらにあると信じて、メンタリストとしての活動を選びました。周囲からは今になって「よくやったよね」と言われます。たしかに、思い返すとリスクの高い、ゾッとする選択だったとも思います。

しかし、勇気を持って「好きなこと」に「お金」を投じ、知識を身につけ、それを実践しながら得た「お金」を「好きなこと」に再投資することで、道を開いてきました。詳しくは、第2章でお話ししますが、私がパフォーマーとしての自分に疲れ、「本当に好きなこと」=「本、読書」に気づいて以降の活動は、まさに先ほど紹介した無限ループそのものです。

・好きなことをやって、それで終わりにしない
・好きなことをやりながら、それでお金が入ってくる状態をつくる
・好きなことでお金が入った時、そのお金をムダに(=好きなこと以外に)使わない

・好きなことにお金を再投資することで、スキルが磨かれて、次はもっと大きくお金が入ってくるようになる

例えば、投資家のウォーレン・バフェットは子どものころから投資に興味を持ち、生まれ故郷のオマハの図書館で「金融」という言葉がつく本をすべて、2回ずつ読んだという逸話が残っています。

そんなバフェットは投資そのもの以上に、どこに投資していくかを検討分析する投資判断に楽しさを感じるそうで、そのスタンスは若いころからまったく変わっていません。数年前、初めてバフェットがIT関連企業に投資したと話題になりましたが、その際も入念な投資判断を楽しんだ上での決断でした。

彼がお金の無限ループを回しているなと感じるのは、一生かかっても使い切れない資産を作りながら、若いときに買った家に住み続けるなど生活が質素である点です。

つまり、バフェットにとっての「好きなこと」は「投資」であり、そこで得たお金はまた「投資」に再投資され、知識と経験に変わり、投資家としての判断力を高めているのです。

身につけたスキルは決して減らない財産になる

「好きなこと」を通じて得られる経験、身についたスキルは誰にも奪われません。本人が手放そうとしても、決して減らない財産となります。

ですから、無限ループを回せば回すほど、チャンスは膨らんでいくわけです。**ところが、途中で好循環を手放してしまうケースもあります。**

わかりやすいのが、プロのスポーツ選手です。

例えば、プロ野球選手としてドラフトにかかり、プロ入りする選手は才能と努力を併せ持つ、特別なプレイヤーばかりです。野球という好きなことを追求し、得られた経験、身についたスキルという財産を再投資して、グラウンドに銭が埋まっていると表現されることもあるプロ野球という稼げるフィールドに立つに至りました。

しかし、そこから大きく伸び悩む選手と何億円という契約を何年にも渡って更新し続ける選手に分かれていきます。

私は野球の素人ですが、同じドラフト1位入団の選手にそれほど大きな才能の差があるとは思えません。

では、何が明暗を分けていくのでしょうか。**それは「好きなこと」に再投資し続けられるかどうかにかかっています。**学生時代とは比べ物にならないくらいの稼ぎを得たとき、そのお金を「好きなこと」である野球に再投資できているかどうか。

年齢を重ねれば重ねるほど、専属のトレーナーを雇い、栄養士をつけ、コンディション調整に余念のない選手が第一線に残っていきます。

一方、高額の契約金が舞い込み、遊びを覚えてしまった若手はなかなか伸びないといいます。遊んでいてやんちゃなイメージのある一流選手は、遊びと並行して、それ以上の再投資を野球のために行っているそうです。

マイケル・サンデル教授は有名な講義の中で「自由とは、自分のルールに従って行動すること。すなわち自律を意味する」という内容の言葉を語っています。まさにその通りで、私も自由とは好き放題にやることではなく、自分の望んだ人生を自分で選択して生きていくという意味で捉えています。

お金は自律のために必要な額を稼ぎ、望んだ人生の実現のために使っていくための道具です。**重要なのは人より多くのお金を稼ぐことでも、贅沢に使うことでも、貯めこむことでもなく、自分の好きなことをやって後悔なく生きられるかどうかです。**

「好きなこと」を我慢しても、お金は貯まらない!?

私たちは、お金を稼いだり、貯めたりするためには、「好きなこと」を我慢しなければいけないと考えがちです。

「仕事は本来つらいものだ。お金を稼ごうと思ったら、やりたくないことでも我慢してやらなくてはいけないことがある」

「好きなことにお金を使っていたら、すぐにお金はなくなってしまう。だからお金を貯めようと思ったら、好きなことは我慢しなくてはいけない」

しかし、これは逆です。

「好きなこと」を我慢しないほうが、お金はあなたのところへ戻ってくる確率が高くなり、増えていくのです。

もちろん苦しみに耐えながらお金を稼ぐ、貯めるといったやり方もあるでしょう。そういった生き方でも、ある程度は成功するかもしれません。しかし、必ずどこかで成長の限界がきます。

なぜなら、本当の成功を手にしている一流の人は、みんな仕事を心から楽しんでいるからです。

「好きなこと」にとことんエネルギーを注ぎ込み、その報酬としてお金を得ているからこそ、成功を持続させることができる。そもそも「好きなことをして、楽しみながらお金が稼げるのと、苦しみながらお金を稼ぐのと、どちらがいいですか」と聞かれれば、誰もが前者を選ぶはずです。

自分の好きなことを見つめ、磨きをかけていき、好きなことでお金を生み出すチャンスを作っていく。そして、生み出したお金を再投資し、さらに好きなことを追求するというループ。

このサイクルに入るための第一歩は、正しいお金の使い方を知り、あなたの日々のお金の使い方を変えること。そして、あなた自身が「好きなこと」を再確認することです。

続く第2章では、あなたの中に必ずある「あなたの好き」を見つけ出し、極めていく方法をお伝えします。さらに、第3章以降では好きなことでお金を生み出すチャンスを作るにはどうすればいいのか。その具体的な方法を紹介します。

「好き」を「お金」に変えるために

■ **節約、貯金のために「好きなこと」を我慢しない**

■ **お金を貯めこむためではなく、自由に生きるために稼ぎ、使う**

■ **「お金」「好きなこと」「仕事」がぐるぐる回る無限ループを作ろう**

COLUMN

双曲割引のワナ

――近くのものほど価値が高く見える!?

人は身近にあるもの、時間的、空間的に近くにあるものにより価値があると感じ、欲しくなってしまう傾向があります。

これは「双曲割引」と言って、行動経済学の理論の中に出てくる言葉で、「人は遠い将来のことよりも、近い将来のことを優先する」という心の動きです。

例えば、ダイエット中の人がつい甘いものの誘惑に負けてしまうのは、目の前にあるケーキの方が、3カ月先の締まった体よりも価値が高いと感じるからです。

また、いつの時代も目先の利益を追いかけるような詐欺に引っかかる人が絶えないのも、双曲割引が関係しています。

今、1万円もらえるのと、1週間後に1万500円がもらえる場合、どちらを選びますか？　と質問すると、多くの人が前者を選んでしまいます。経済合理性から言えば、正しい選択は後者です。ところが、それを選択することができない。なぜなら、双曲割引によって人は近くにあるものの価値を高いと考えてしまうからです。

そして、この心の動きが「好きなこと」「得意なこと」への選択と集中を妨げる罠になっています。

なぜなら、「好きなこと」にお金を使うことで無限ループを回そうとするときも、同じことが起こりがちだからです。

「好きなこと」にお金を使っても、知識や情報、スキル、ネットワークは、一朝一夕には身につきません。

「自分もこの分野に関する知識やスキルがずいぶん高まってきたな」と実感できるようになるのは、一年後や二年後、あるいはもっと先のことです。

そんなときに、ふと目の前に、すぐに喜びや楽しさを実感できそうなものが現れたらどうなるでしょうか。ついお金を出して買ってしまいやすくなります。遠い将来の成果よりも、今、目の前にある欲望に負けてしまうわけです。

この罠から逃れるためには、「双曲割引」という心の動きがあることを知り、自分の行動が短絡的になっていないか確認する習慣をつけること。長期的な視点から、自分にとって何が大切かを再確認していくことが重要です。

第2章

「好き」を「お金」に変える

「好きなこと」を極めるために大切なこと

「メンタリスト引退宣言」で気づいた大好きなこと

「好きなこと」にお金を使うためには、そもそもお金を投じるに値する「本当に好きなこと」がわかっていなくてはいけません。では、「本当に好きなこと」は、どうやって見つければいいのでしょうか。

一例として、私が「好きなこと」をどのように見つけていったのかについて、お話ししたいと思います。

私は子どもの頃から本を読むことが好きでした。

祖父と母が読書家で家の中には文学書や哲学書などの様々な本が揃っており、本に囲まれて育ちました。その環境から本が好きになっていったのは、必然だったといえるかもしれません。

ただし、私が本当の意味で本が好きな自分に気づき、「読書を通じて知識を得ることに、できる限りのお金と時間を使おう」と決めたのは、数年前のことです。

私はかつて「メンタリスト引退宣言」をしたことがあります。

メンタリストとしてテレビでパフォーマンスを披露し始めた当時、私は寝る間もないぐらいの超過密スケジュールに追われることになりました。そんな中でパフォーマンスを続けることは、毎日がものすごいプレッシャーとの戦いでした。

次第に、いったい自分が何のためにテレビに出ているのか、本当は何がしたいのか、わからなくなっていきました。人の心を読み取り、誘導するプロであるメンタリストの私が、自分自身のメンタルをコントロールできなくなっていたわけです。

そのプレッシャーが頂点に達し、メンタル的にもボロボロになったときに、私は引退宣言をし、引きこもりました。

すると、そこにはこれまでと正反対の生活が待っていました。テレビに出ていたときに私の周りに群がっていた人たちは、潮が引くように去っていきました。仕事も激減し、1カ月の間まったくオファーのない時期もありました。

急に有り余る時間ができた中で、私は「自分が一番やりたかったことは何だろう」「心から楽しいと感じられることは何だろう」と考え始めたのです。

どんなに考えても、答えは一つしか浮かんできませんでした。読書をしているときが、一番幸せだったのです。

私は「自分が本当に好きなこと」を、そのときになって初めて発見したのです。

「知識」にお金を費やしたことで、「知識」がお金を生み出し始めた

それからの私は、自分の生き方を組み立て直しました。

「読書＝知識を得る」ことを生活の中心に置き、仕事も「自分が本当に好きなこと＝本・知識」を活かせるものに比重を移していきました。

テレビでのパフォーマンスは基本的に断り、企業のコンサルティングやセミナーの講師、執筆活動、そしてニコニコ動画での心理学についての解説など、読書を通じて得た知識を提供していく仕事を中心に据えていったのです。

もちろん今でもテレビ局からのオファーに応じて、ときどきテレビ番組に出演してパフォーマンスを行うこともあります。ただし、それはあくまでも「自分が本当に好きなこと」に取り組んでいくうえでプラスになるか、あるいは支障のない範囲内での

ことです。

私が本当に好きなこと。それは本、つまり知識です。

知識の中でも、心理学や脳科学、行動経済学といった人間の心理や生理、行動についての知識を身につけることに強い喜びを覚えます。

時間があるときには、速読によって1日20冊は読破します。毎日のようにＡｍａｚｏｎで本を購入しているので、宅配便のお兄さんとはすっかり仲良しになってしまいました。

1日中本を読むことさえできていれば、あとは部屋で一緒に暮らしている猫と遊ぶ時間と、ジムで身体を鍛える時間があれば、ほかに何もいらないといってもいいほどです。

こんなふうに私はある時点から、使えるお金のできるだけ多くを「知識」（＝本）に投入することにしました。すると「知識」にお金を費やしたことによって、やがてこの「知識」がお金を生み出してくれるようになったのです。

例えば私は今、ニコニコ動画（http://ch.nicovideo.jp/mentalist）で有料会員向けの番組を持っています。私がそこでやっていることは、本を読んで吸収した知識を整理してみなさんにお伝えしているだけです。

知識の整理は、別にニコニコ動画のためにやっているわけではなくて、学んだ知識を定着させるために普段からやってきたことです。それをたまたまニコニコ動画で流しているだけ。

ところが私が番組の中で、「こういう心理学者が、この本の中でこういうことを言っていて、この理論を応用すればこんなことができます」といった話をすると、みなさんすごく喜んでくださるし、紹介した本もばんばん売れるようになります。

おかげさまで毎月20％増くらいのペースで会員が増えていますし、わずか11カ月でニコニコチャンネルのトップランカー（有料会員数が上位30位以内）になりました。

そこで得られる収入はといいますと、知識を得るためにどんなに高額の本を大量に購入したとしても、とても使い切れないほどの金額です。私は本以外のことには贅沢をしようとは思っていませんから、勝手にお金は貯まっていきます。

まさに「知識」という「本当に好きなこと」にお金を使ったことで、その「知識」

が投入した元手以上のお金を生んでくれているわけです。

きっかけは、お金と時間の使い方を絞ったこと

最近では、様々な業界の経営者からもお声がけをいただくようになりました。

例えば、遺伝子検査会社のジェネシスヘルスケア株式会社では、顧問として製品開発や戦略などに協力させていただいています。同社が開発した自己分析遺伝子キットGeneLife Myself（http://genelife.jp/myself/index.html）は、採取した唾液から遺伝子を分析することで、性格分析や心理分析に役立てることができます。

株式会社イグニスでは、性格が合う人同士をマッチングさせるサービス「with」（https://with.is/welcome）のアルゴリズム開発を行っています。

また別の会社とは、顧客を自社の商品のファンにさせるための心理テクニックの用い方についてのコンサルティングも。さらに心理学を勉強してきた甲斐もあって、新潟リハビリテーション大学では特任教授として、講義はもちろん、学科の立ち上げやＰＲ戦略などのアドバイスも行わせていただくようになりました。

なぜ彼らは、わざわざ私に声をかけてくれたのでしょうか。

それは私が持っている「知識」に注目してくれたからです。より正確に言うと、「知識」と「知識」を組み合わせて最大化し、それを実践に応用していくことができる能力を、彼らが評価してくれたのです。

私は昔から本が好きでしたが、「自分にとっては本、すなわち知識しかない」と自覚し、「これにできる限り多くのお金と時間を投入しよう」と決意したことで道が開けていったのです。

人生を劇的に変えることができたきっかけは、選択し、集中したことにとことんお金と時間を使っていったことにあります。もし私が中途半端な知識しか持っていなかったら、誰も私に声をかけてはくれなかったでしょう。

「好きだ」と言い切れる何かを持っていますか？

このように「好きなこと」を選択し、集中的にお金を使っていくことで、無限ループが始まります。

私の場合は、それが本であり、知識でした。

しかし、現実には第一歩で、いきなり躓（つまず）いてしまう人も少なくありません。つまり、自分の好きなことがわかっていない、まだ見つかっていない人がたくさんいるからです。

私はここまで、意識的に誰もが好きなことがわかっているかのように、「お金は好きなことに使おう」と述べてきました。けれども世の中の圧倒的多数の人は、好きなことがわからないままに生きています。

「好きなこと」を見つけるというのは、それぐらい大変なことです。

というのも、ここでいう「好きなこと」とは、「ラーメンが好き」「部屋でのんびりするのが好き」「かわいい子が好き」といったレベルの「好き」ではありません。

「一生をかけて追求しても、まったく飽きないほど好き」
「誰に反対されても、非常識だと罵（のの）しられても貫き通すほど好き」
「手持ちの現金、財産をすべて失っても手に入れたいほど好き」

といったレベルの好き。いうならば、すべてをつぎ込んでも惜しくないほど、大好きなことだからです。

あなたは今、そこまで明確に「好きだ」と言い切れる何かを持っているでしょうか？もし、はっきりと「持っている」と言えるなら、この第2章はあなたに必要ありません。気にせず読み飛ばし、第3章に移ってください。

一方、「そこまでの『好き』はないな」「そもそも自分の『好き嫌い』を深く追求したことがないな」という人は、この先をできるだけ丁寧に読み進めてください。

いくつかの質問と、その分析によって、読みながらあなたの「好き」が浮かび上がってくる仕掛けが施してあります。

無限ループを回す四つのステップ

ここでおさらいをすると、無限ループとは「好きなことを選択し、そこに集中してお金を使い、それが稼ぎになり、さらなる選択と集中を行い、収入が増えていく仕組み」です。そして、この無限ループを回せるようになるためのステップは、以下のようになります。

STEP0：自分が「本当に好きなこと」を見つける
STEP1：「好きなこと」を極めていく
STEP2：「好きなこと」を収入に結びつけていくための工夫をする
STEP3：「好きなこと」で得たお金を再投資する

第2章では、このうち「STEP0」と「STEP1」について解説していきます。忘れてはいけないのは、STEP1の前にSTEP0が待ち構えていること。そして、繰り返しになりますが、このSTEP0こそ、最大の難関です。

「あなたが本当に好きなことは何ですか。『これができれば自分の人生は幸せ』と思えるものは何ですか」

と聞かれたときに、その問いに答えられない人は、まずは答えを見つけることから始める必要があります。

「好きなこと」に「お金」を投じ、「好きなこと」を「仕事」に結びつけるための方法を考えるのは、まだその後の段階です。

ではさっそく、無限ループを回すためのSTEP0にあたる「好きなこと」を見つけるための質問を始めていきたいと思います。

「九つの質問」であなたの「好き」を探りだす

ここに「好きなこと」を見つけるための「九つの質問」を用意しました。

この「九つの質問」はいずれも、今のあなたの仕事に対する問いになっています。なぜなら今、携わっている仕事の中に無限ループの取っ掛かりとなる「好きなこと」を見出すほうが、現実的だからです。

例えば、あなたにとっての「すべてをつぎ込んでも惜しくないほど、大好きなこと」が今の仕事とはまったく関係のないものだったとしたら、そう気づいた時点から生き方を大きく変えなければいけません。しかし、それは非現実的な選択です。

すべてを捨て去って、新しいことを始め、それでお金を稼げるようになるのは簡単なことではありません。それよりもすでにある程度、習熟している分野から「好きなこと」を見つけ出す、ないしは再確認し、磨きをかけていくほうが確実です。

そして、これは後述しますが、心理学に裏付けられた「フロー」という概念を活用することで今、携わっている仕事の中の「好きなこと」を「すべてをつぎ込んでも惜しくないほど、大好きなこと」に発展させていくことが可能だからです。

ではさっそく、日々の過ごし方、仕事中の様子を思い浮かべながらイエス、ノーで答えてください。深く考えこまず、直感的にリズムよく進めていきましょう。

今の仕事が「本当に好きなこと」か
わかる！　9つの質問

□1	あなたは仕事の目的を即答できますか？
□2	仕事中は集中できていますか？
□3	仕事中、作業に30分以上没頭して周りが見えなくなることがありますか？
□4	仕事がある日は1日を短く感じますか？
□5	今日の仕事で得られた成果について即答できますか？
□6	あなたの仕事は未知への挑戦が多いですか？
□7	仕事のスケジュールや内容を自分でコントロールできている感覚がありますか？
□8	あなたの仕事場は作業を誰かに邪魔されにくい環境ですか？
□9	毎月働いて得られるのと同じ給料が働かなくても自動的に振り込まれるようになったとしても、今の仕事を続けますか？

九つの中に含まれていた特別な問いに気がつきましたか？

どうでしたか？　いくつの「イエス」があったでしょうか？

前提としてイエスが九つ揃う人、一つもイエスがないという人は、まずいません。イエスが七つ、八つという人も少数派です。三つ、四つのイエスが平均的。イエスが五つ、六つという人は、今の仕事を通じて十分な満足感を覚えているのではないでしょうか。逆にイエスが一つ、二つの人は転職を視野に入れつつ、この先を読んでいただいたほうがいいかもしれません。

そして、「九つの質問」の中には、一つだけ特別な質問が含まれています。

それは9番目の問い、「毎月働いて得られるのと同じ給料が、働かなくても自動的に振り込まれるようになったとしても、今の仕事を続けますか？」です。

もし、この質問に対する答えが「イエス」なら、あなたはすでに「すべてをつぎ込んでも惜しくないほど、大好きなこと」を手に入れています。

これは、あなたが仕事そのものに価値を置いていることの表れです。現時点の自覚としてはそれほど「好き」ではなかったとしても今、携わっている仕事を深く狭く掘り下げていくことで、あなたは自分なりの無限ループを完成させることができます。

つまり、9番目の質問がイエスであれば、他の八つの質問の答えがどうであれ、関係ありません。ここにイエスと言える仕事に就いた人は、本当に幸せです。

とはいえ、9番目の質問への答えが「ノー」だった人も落ち込むことはありません。理由は二つあります。一つは、その他のイエスと答えた部分を高めていくことで、ゆっくりとではありますが、今の仕事を「すべてをつぎ込んでも惜しくないほど、大好きなこと」に近づけていくことが可能だからです。

特に今の仕事に就いてまだ3年以内であれば、その本当の魅力について見逃していることもあります。よく「石の上にも三年」といいますが、本当はすごく好きになれるはずなのに、仕事場の環境や人間関係などから、好きになれていない、おもしろさに気づけていない場合が多々あります。

実際、就職活動後、すぐに辞めてしまう若い人は次の職場でも短期間での転職を繰り返す傾向があります。ジョブホッパーとなってしまう人は、天職となる可能性があるのにその前にあきらめてしまう。これは非常にもったいないことです。

今、９番目の質問の答えが「ノー」であっても、他に三つ、四つの「イエス」があるなら、自分に対して１年程度の猶予期間を設けて、好きになっていく努力を重ねてみましょう。

　すると、その努力をする中で、「すべてをつぎ込んでも惜しくないほど、大好きなこと」が見つかり、仕事そのものを変化させていくこともできます。

今の仕事をすぐに辞めてはいけない！

「毎月働いて得られるのと同じ給料が、働かなくても自動的に振り込まれるようになったとしても、今の仕事を続けますか？」という問いの答えが「ノー」だとしても、その場に踏みとどまるべき、もう一つの理由はリスクとの兼ね合いです。

　例えば、あなたに「本当に好きだといえる趣味」があり、将来的にはその道を追求し、無限ループを作っていきたいと思っているとしましょう。その考えには賛同しますが、だからといってすぐに仕事を手放してしまうのは危険です。

「本当に好きなこと」を追求することは大切ですが、土台となる生活を支えるお金が賄（まかな）えない状態では無限ループを作ることもできません。

仮に趣味の世界で本当に好きなことが見つかっているのなら、9番目の問いがノーだとしても仕事を続け、徐々に収入の道を分散していくべきです。そのためにも趣味として楽しんでいたもので、いかに収入を得るか。稼ぎ方を見つけていく必要があります。

具体的には「STEP3」「STEP4」を紹介する第3章でお伝えしますが、仕事を辞めるのは十分に趣味が仕事になってからでも遅くありません。思い切って辞めて、趣味一本に打ち込むのは勇ましい決断に見えますが、単にリスクを取ってどちらの道にも進めなくなるという結果にもなりかねません。ペンシルベニア大学アダム・グラント教授の著書『ORIGINALS 誰もが「人と違うこと」ができる時代』〈アダム・グラント（著）、シェリル・サンドバーグ（解説）、楠木建（監訳）・三笠書房〉によると、副業で起業したほうが失敗のリスクは33%も低くなるとわかっているので、むしろ本業がある状態のほうが、ある程度、事業が軌道に乗るまでは仕事を辞めないほうが、良いといえるでしょう。

私が今もときどきテレビでパフォーマンスを見せるのも、そのためです。ある程度の知名度、認知度があることで、大切にしている仕事にもプラスの効果があります。無限ループを手に入れるには、ある程度の計画性が欠かせません。

フロー体験 ——我を忘れて没頭した状態

特別な質問であった9番目も含め、残りの質問すべてに当てはまる、ある共通点があります。それは「フロー」という概念に関連している点です。

フローとは、心理学者のミハイ・チクセントミハイが提唱した概念で、ある物事に取り組んでいるときに、完全にそのことにのめり込み、集中している状態のことをいいます。

そして、これは行っていることが「本当に好きなこと」であるかどうかを見極める際の有効な判断基準であると同時に、行っていることを「好きになる」ための重要なポイントとなっていくのです。

とはいえ、フローは特殊な概念ではありません。じつはあなたもこれまでの人生で何度も体験している感覚です。

・子どものころ、家庭用ゲーム機で遊んでいたら、夜になっていてお父さん、お母さんから叱られた
・発売日を楽しみに待ち、買ってきたばかりの本や漫画を読み始めたら、すぐに1時間、2時間が過ぎていた
・文化祭の前日、みんなでわいわいと準備をしていたら、あっという間に下校時間になってしまった
・恋人とのデートが楽しすぎて、周りの目が気にならず、今思えば、ちょっと恥ずかしいくらいイチャイチャしてしまった
・納期の迫った仕事があり、いよいよ追い込まれた結果、オフィスの電話が鳴っても気づかず、同僚に苦笑された

このように、あなたもある物事に取り組んでいるうち、「あっという間に時間が過ぎてしまった」「我を忘れて、没頭してしまった」といった経験があると思います。

あれが「フロー体験」です。

人は好きなものに取り組んでいるときには、比較的簡単にフロー状態に入ることが

できる性質があります。
　ですから今、あなたが携わっている仕事や作業の中でフローに入れる部分があるかどうかで、その物事が「本当に好きなことかどうか」「好きになれる可能性があるかどうか」を判断することができるのです。

「好き」を「お金」に変えるために

■9番目の質問がイエスなら今、携わっている仕事を深く狭く掘り下げていこう
■9番目の質問がノーなら、その他のイエスと答えた部分を高めていこう
■「本当に好き」と言える趣味があったとしても、今の仕事をすぐには辞めない

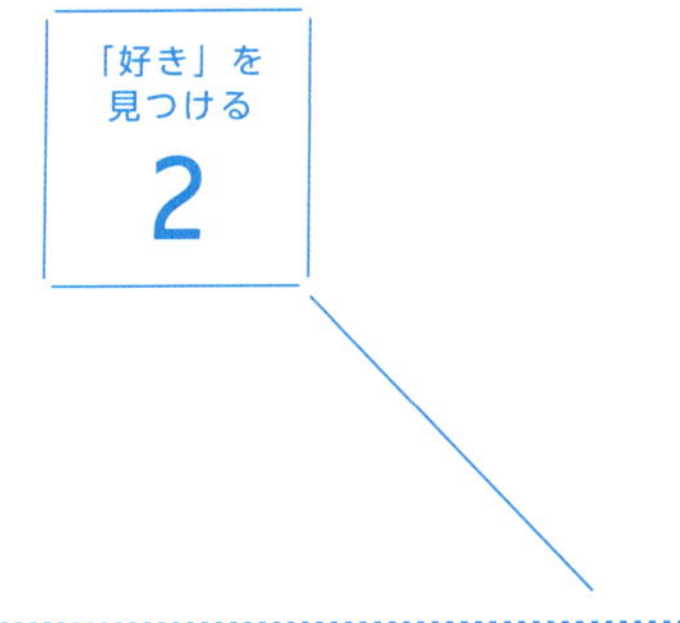

フローに入る条件

とはいえ、好きなことだとフローに入りやすい……というだけでは、今の仕事や作業の中のどんな部分にフロー体験のチャンスがあるか判断しづらいと思います。

というのも、本人が好きだと自覚していなくても性に合っていること、逆に好きだと思っていたのに思い過ごしだったこともありますし、思わぬ単純作業がスイッチとなって仕事そのものを気に入るといったケースも有ります。

そこで、チクセントミハイが研究の末に導き出した「人がフロー状態に入りやすいときの条件」を参考にしていきましょう。

彼はフロー体験の条件として、85、86ページに示した八つの構成要素を挙げています。

フロー体験の
8つの構成要素

1 「明確な目的」

何のためにそれをやっているのかという明確な目的があり、かつその目的を実現するための手段や、それをやるとどうなるかという予想も、ある程度ついている

2 「集中」

たくさんの物事の中からそのことを選択し、
時間やお金などを集中してもいいと思える

3 「自意識の低下」

我を忘れた状態になれる

4 「時間の歪み」

そのことをしている時は、時間が短く感じられる。
時間感覚が、短縮、圧縮される

5「レスポンスの速さ」

ある課題をクリアすると、
すぐにその効果を実感できる

6「適切な難易度」

取り組んでいる物事が、難しすぎず、
かといって易しすぎない

7「自分で状況をコントロールしている感覚」

自分が取り組んでいる物事の状況を正確に把握し、
その物事を自分が望む方向にコントロールできている
と感じられる

8「活動自体に価値を見出すことができる」

活動の結果として得られる報酬が目当てではなく、
活動自体に価値を感じて取り組むことができる

これらにプラスして、

9「他者に妨害されない環境」

電話が鳴る、誰かに話しかけられるなど邪魔されることがない

も大切！

目的がはっきりしていることが大切

一つ目は、「明確な目的」です。

何のためにそれをやっているのかという明確な目的がわかっていること。なおかつ、その目的を実現するための手段や達成したときにどういう成果が出るか予想できているとき、人はフロー状態に入りやすくなります。

「九つの質問」のうち、1の「あなたは仕事の目的を即答できますか?」、7の「仕事のスケジュールや内容を自分でコントロールできている感覚がありますか?」が、「明確な目的」と連動していました。

携わっている仕事、今まさに取り組んでいる課題や作業の目的をはっきり理解していると、集中力が増します。同じく、企画内容や納期までのスケジュールを自分でコントロールできている感覚があると、フロー状態に入りやすくなっていくのです。

「九つの質問」で「1」と「7」が「ノー」だった人は、その理由を分析してみてください。**改めて上司に作業内容と納期の理由を聞くだけでも、目的を明確にする効果が得られるかもしれません。**

ポイントは、仕事全体に対して「明確な目的」や「スケジュールのコントロール感覚」を持つことではなく、細分化した一部、担当している案件に対してフローを感じることです。

それが積み重なることで、楽しく仕事に取り組めるようになっていきます。

二つ目は、「集中」です。

「選択と集中」という言葉があるように、たくさんの物事の中からそのことを選択し、時間やお金などを集中してもいいと思えるものであるということです。

これは「九つの質問」のうち、2の「仕事中は集中できていますか？」に関連しています。ここでいう集中とは、自分の「好きなこと」「得意なこと」に対して、注意力と能力を限定し、強く発揮している状態です。

会社員の方なら朝9時に出社して、夜、退社するまでずっと仕事に集中しているかどうかで判断する必要はありません。

諸説ありますが、人の集中力の限界は90分程度とされています。もちろん90分と持たずに集中力が途切れてしまう人もめずらしくありません。

言い換えれば、働いている間ずっと集中していることは不可能なのです。ですから、「九つの質問」で「2」に対して、「ノー」と答えた人は、こんなふうに問い直してみてください。

「仕事中、集中して行えていると感じる作業はありますか?」

そして、「資料作成の30分は脇目も振らず集中できていた」など、部分、部分に集中していた時間があったら、答えは「イエス」に変わります。それだけではなく、集中できている作業には、あなたの得意が隠されています。

手を動かしているほうが性に合っている、人と話していると頭の中が整理されるなど、得意だからこそ、その作業をしていると集中できるのです。

私でいえば、読書中が最も集中しています。それは一番得意なことだからです。**つまり、仕事の中で「集中」できている「作業」や「時間帯」を探ることは、あなたの得意を知ることになるということ。**そして、その得意を活かし、得意分野で対応できる幅を増やしていけば、それは仕事全体を好きになることにもつながるのです。

同じ時間でも、つまらないと長く、楽しいと短く感じる

三つ目は、「自意識の低下」です。

簡単にいえば、我を忘れた状態になるということです。

例えば、映画館で映画に没頭しているときには、「今、自分は映画を楽しんでいるな」などと、冷静に自己分析をしている余裕はとてもありません。まるで自分もその物語の登場人物の一人になったかのように、映画の世界にどっぷりとはまっているもの。「あの映画、楽しかったね」と感想を言えるのは、映画を見終わった後のことです。

「九つの質問」では、3の「仕事中、作業に30分以上没頭して周りが見えなくなることがありますか？」に対応しています。

自意識の低下は、集中よりももう一段階深く、夢中で没頭していて、同僚に声をかけられて初めて気づくような状態です。これは次の条件である「時間の歪み」とも関

連しますが、そう何度も訪れるものではありません。

ですから、先ほどの「仕事中、作業に30分以上没頭して周りが見えなくなることがありますか？」という質問も、「1カ月以内に」と範囲を広げて思い返してみてください。

当然ながら、没頭した作業は必ずあなたの得意なことと結びついています。

四つ目は、「時間の歪み」です。

同じ1時間のはずなのに、Aをしているときは長く感じて、Bをしているときは短く感じる。これが時間の歪み。時間感覚が変化し、延長、短縮されてしまうのです。「九つの質問」では、4の「仕事がある日は1日を短く感じますか？」と対応しています。人は、つまらないことをやらされているときは時間を長く感じます。逆に集中できること、没頭することに取り組んでいるときは、時間を短く感じます。

当然、仕事が好きであれば1日は短く感じるはずです。

ですから、この問いに「イエス」と答え、仕事中に「時間の歪み」を感じているとしたら、あなたはすでに「大好きなこと」を手に入れているといえます。

レスポンスと適度な難易度があなたを夢中にさせる

五つ目は、「レスポンスの速さ」です。

レスポンスの速さとは、行ったアクションに対する反応の明快さです。やったことに対して、すぐにフィードバックがあると、人はフロー状態に入りやすいと考えられています。

例えば、子どもたちがロールプレイングゲームにはまりやすい理由もここにあります。

ロールプレイングゲームなどのゲームでは、最終的な大ボスを倒す前段階でも、ある課題をクリアすると、すぐにアイテムが手に入り、次のステップに進むことができるようデザインされています。このレスポンスの速さが、子どもたちを夢中にさせるのです。

「九つの質問」では、5の「今日の仕事で得られた成果について即答できますか？」と連動しています。

しかし、仕事ではゲームの世界と異なり、自分が毎日成長していると実感することができません。職種にもよりますが、明らかな成果がすぐに出る仕事は少ないといえるでしょう。現実世界は、ロールプレイングゲームとは違って、目に見える形ですぐにアイテムを手に入れたり、次のステージに進めたりはしないのです。

それでも仕事の中で、レスポンスの速さを感じ取る方法はあります。

それは自分で意識的に小さな課題をたくさん設定すること。そして、その課題をクリアすることで、小さな成長感を味わっていくのです。

例えば、スポーツジムで身体を鍛えるときもそうです。日々のトレーニングは、地道な取り組みの繰り返しに過ぎません。

「明らかに筋肉のつき方が変わった」「体つきが変わった」と実感できるのは、トレーニングを始めてからだいぶ後のことです。

そこで私は、トレーニングのときには、どのくらいの重さのバーベルを何回上げることができた、といったことを毎回記録するようにしています。

筋肉のつき方の変化を、毎回実感することはできません。けれども持ち上げる回数や重さなら、記録をとることで「前回よりも一回多く持ち上げられた」とか「2・5キロ重さをアップすることができた」と実感することができます。

このように課題を細かく設定すれば、本来はレスポンスの遅い物事でも速くすることができるのです。

こうした課題設定の仕方を、スモールゴール（小さな目標）といいます。長期的な大きな目標と、短期的な小さな目標の二つを持っておけば、フローに入りやすくなります。

六つ目は、「適切な難易度」です。

適切な難易度とは、あなたが取り組んでいる物事が難しすぎず、かといってやさしすぎないレベルであること。人の心はわがままにできていて、簡単すぎると退屈でつまらなくなり、難しすぎると取り組むのがつらくなります。

つまり、難しすぎてもやさしすぎてもフローの状態には入れないわけです。

では、どれくらいの難易度が適切なのかというと、レフ・セミョノヴィチ・ヴィゴツキーという心理学者は、学習効果に関する研究の中でこう定義しています。

「既知のものが半分、未知のものが半分という状態のとき、人はもっとも高い学習効果をあげる」と。

料理を例にすると、カルボナーラの基本的な作り方は知っているけれども（既知のこと）、家族や友達をうならせるようなおいしいカルボナーラを作るためにはどうすればいいか（未知のこと）を考えるようなときに、人は最も高いパフォーマンスを発揮するということです。

この「適切な難易度」は、「九つの質問」の6の問いかけ、「あなたの仕事は未知への挑戦が多いですか？」と対応しています。

同じ書類を処理するだけのデスクワークが続いては、やる気や新鮮な気持ちを維持しにくいはずです。とはいえ、ヴィゴツキーの定義では5：5でしたが、現実に仕事の半分を自分の意思で未知のものに切り替えるのは難しいものです。

そこで、私は常に8：2の割合を意識しています。**作業全体の2割、仕事に取り組む時間の2割を未知のことに振り分けること。**現実的に2割費やすことが難しかったとしても、この意識を持っているだけで仕事全体の新鮮味が大きく変わってきます。

2割挑戦する。こう決めておくだけで、脳の状態が活性化されるのです。

思い通りに事が運ぶとき、フロー体験がやってくる

七つ目は、「自分で状況をコントロールしている感覚」です。

これは文字通り、自分が取り組んでいる物事の状況を正確に把握し、その物事を自分が望む方向にコントロールできていると感じている状態のことをいいます。

「九つの質問」の七つ目の問い「仕事のスケジュールや内容を自分でコントロールできている感覚がありますか？」と連動しています。

アスリートの人たちは、基本的にこれがとても得意です。自分の体調を把握したうえで練習メニューを調節し、本番当日に状態をピークに持っていくことができます。

また彼らはよく「自分に負けたくない」という言葉を口にしますが、これは言い換えれば「自分をコントロールできないような状況にはしたくない」ということです。

仕事に置き換えると、主体性を発揮できているかどうかの違いです。

上司やクライアントに言われて「仕事だから」とやっている作業と、自分で企画提案して、スケジュールを組んで動かしている案件では、当然、後者の方がフロー状態に入りやすいといえます。

また、前者は指示がなくなると、うまく処理することもできなくなりがちですが、主体性を持って進めていれば、壁にぶつかったとしても自分で考えて状況を変えていくことができます。

どちらのタイプがお金を稼ぐという能力で優れているかは、はっきりしているのではないでしょうか。

最後の八つ目は、「活動自体に価値を見出すことができる」です。

これは活動の結果として得られる報酬が目当てではなく、活動自体に価値を感じて取り組んでいるということです。

「九つの質問」では、特別な質問として取り上げた「毎月働いて得られるのと同じ給料が、働かなくても自動的に振り込まれるようになったとしても、今の仕事を続けますか？」と連動しています。

例えば、「デザインの仕事が好きだから、デザイナーとして働いている」という人は、フロー状態に入ることが比較的容易ですが、「デザインの仕事自体には何の価値も感じないが、給料がもらえるから働いている」という人は、フローに入るのは難しいわけです。

私もスポーツジムでトレーニングをしているときに、フローに入ることがよくありますが、それは活動自体に価値を見出すことができているからです。

人によっては、筋肉の量を増やすことや、魅力的な身体になって異性からもてることを目的にジム通いをしている人もいるでしょう。

でも私の場合は単純に、それまで持ち上げることができなかった重量を上げることができたときに、何ともいえない達成感を味わえるあの瞬間が好きなのです。

読書も同じです。私は、読書によって知識を身につけたことで、企業コンサルティングを頼まれ、講演に呼ばれることなどで報酬を得ています。しかし私は、何より読書をするという行為そのものに価値を感じているのです。

「DaiGoさんは何のためにそんなに本をたくさん読むのですか？」と聞かれたら、迷うことなく「それは本を読みたいから、読んでいるのです」と答えます。

名CEOが朝の時間を大切にしている理由

以上が、チクセントミハイが挙げるフローの八つの構成要素ですが、彼はこれに加えて**「他者に妨害されない環境」**も、フロー状態を作るうえで重要であると述べています。

これと連動しているのが「九つの質問」の八つ目の問い、「あなたの仕事場は作業を誰かに邪魔されにくい環境ですか？」です。

この質問に対して、ある人は「ノー」と答え、「仕事をしていると、3分に1回は電話が鳴るか、メールが届くか、誰かに話しかけられるかして、作業が思うように進むことはありません」とぼやいていました。

たしかにすぐに電話が鳴ったり、誰かに話しかけられたりするというような環境では、フロー状態に入ることは困難です。

例えば、カフェや図書館などへ仕事道具と資料だけを持って行き、仕事をしていると普段より捗（はかど）るのは、そこが「他者に妨害されない環境」だからです。また、納期までに終わらない作業があるときには、家に持ち帰るなどして処理している人も少なくありません。

このように人は、いざというときには経験的に「他者に邪魔されない環境」を作っていきます。これを意識的に行っているのが、企業のＣＥＯたちで、彼らの多くは会社員に比べて朝型です。

４時、５時に起床し、自分だけの時間を１、２時間確保して、難しい判断が求められる案件は誰にも邪魔されない早朝の間に済ませてしまう。そんなスタイルで仕事をする方がほとんどです。

彼らは起床後の２時間が最も高い集中力を発揮できるマジックアワーであることを経験的に理解し、そこに邪魔されない環境を組み合わせることで、フロー状態に入っているのです。

そして、ここで重要なのは「フロー状態に入って行ったことは、積み重なるうちにどんどん好きになっていく」ということ。つまり、自分で確保した邪魔されない時間に行う作業には愛着が生まれ、「ギリギリだからやっていたこと」も、フロー体験とともに「好きなこと」に変わっていくのです。

それほど好きではないことでも、フローの積み重ねで「好き」に変わる

チクセントミハイが挙げた八つの要素。これをすべて満たしている人は、どんな仕事をしているにしろ、ほとんどいません。経験上、あなたも二つ、三つの要素が当てはまり、他の五つ、六つに関しては「たまにはあるかな」くらいの結果だったのではないでしょうか。

「好きなこと」を見つけるためには、それで十分です。

というのも、好きなことをしているとき人はフロー状態に入りやすくなる一方、フロー状態を体験したことは好きになりやすくもあるからです。好きとフローは裏表で、フローに入るから好きになりやすく、好きだからフローに入りやすくなります。

もし、今やっている仕事の中に二つ、三つフロー状態に入りやすい作業があるなら、そこに集中していきましょう。五つ、六つと好きになる要素を増やそうと努力し、フロー状態に入りやすくするよう環境を整えるよりも、今ある材料を活かし、伸ばして

いくほうが早道です。

逆にフローの要素をより多く満たしてくれそうな職場へ転職するなど、今、手元にない材料をよそで手に入れようとする選択は無意味です。なぜなら、フローに入るかどうか、没頭できるか、楽しいかどうかだけで仕事を見てしまうので、どれをやっても続きません。

「他者に妨害されない環境」を作るのに、ある程度の準備が必要なように、フロー状態に入りやすい状態を維持するには工夫と努力が必要です。

それを怠り、環境を変えればフローが手に入る、好きなことが見つかると考えているうちは、状況も好転しません。それは「お金」の「無限ループ」に置き換えて想像すれば、理解しやすいのではないでしょうか。

第1章で「無限ループ」の図を紹介しました。

「お金」を手に入れたら、それを「好きなこと」に使います（A）。

「好きなこと」にお金と時間を投入して、その分野についての知識やスキルを高めていけば、それが「仕事」につながります（B）。

その「仕事」はその人しかできないものですから、得られる収入は以前よりもずっと高い金額になります（C）。

こうして「お金」→「好きなこと」→「仕事」→「お金」というように、矢印がぐるりと一回りするループができるわけです。


同じように、「フロー状態」を手に入れたら、それを「好きなこと」に使います。

「好きなこと」でのフロー体験が重なることで、それがますます「好きな仕事」になります。すると、その「仕事」はその人にしかできないものに変わっていき、得られる収入、評価も向上していくのです。

あるいは、こうもいえます。


今やっている仕事の中に「得意なこと」が見つかったら、それに打ち込みます。

すると、「得意なこと」をするうちに、フロー体験が重なります。

そのうち、「得意なこと」は「好きなこと」に変わり、それが「好きな仕事」になります。

すると、その「仕事」はその人にしかできないものに変わっていき、得られる収入、評価も向上していくのです。

フローになれるものを見つけると、幸せがやってくる

ここまでを理解できれば、無限ループにつながる四つのステップのうち「STEP0」から「STEP1」はクリアしたといえます。

「本当に好きなこと」を見つけるためには、フローの八つの構成要素をチェックリストにしておいて、今やっていることや、自分がやりたいと思っていることが、どれくらい要素を満たしているかを、その都度リストと照らし合わせてみるといいと思います。

いつでも比較的容易にフロー状態に入れる「本当に好きなこと」が見つかれば、常に楽しみながらその物事に取り組むことができます。そして自分がその物事に対して、持っている能力を最大限有効に発揮し、成長を遂げられているという実感も味わえます。

ですからフローは、人生の充実度や幸福度に強く関連しており、フロー状態に入っている時間が長ければ長いほど、充実感や幸福感が増していきます。

フローになれるものを見つけることは、私たちの人生を幸せにするのです。

まずは八つの要素のうち、あなたが見つけた二つ、三つの得意なこと、好きなことに注力してみてください。それが他人から見たとき、どんなに些細な作業、つまらない工程でも問題ありません。大切なのはフロー状態に入っていけること。そこから扉が開かれていきます。

今、携わっている仕事の中の「好きなこと」を「すべてをつぎ込んでも惜しくないほど、大好きなこと」に発展させていくことが可能だからです。

「やるべきこと」は切り捨てる

ちなみにジェットコースターに乗る、ゲームをする、といった「遊び」は「自意識の低下」や「時間の歪み」を感じやすいので、一見フロー状態に入りやすいように思います。しかしじつは「遊び」では、フローを完全に満たすことはできません。

そもそも「遊び」とは、「一時的な喜びを得ることはできるが、それだけで終わってしまうもの」のことです。つまり、「遊び」には継続性がないため、「好きなこと」に取り組んでいるときのような長期的な幸福感は得られないのです。

また当たり前のことですが、「好きではないが、やるべきこと」についても、フローは得られません。

中学生や高校生の頃、「数学は嫌いだけど、大切な教科だからがんばらなければ」というように、苦手科目の勉強を一生懸命した人は多いと思います。

たしかに嫌いな科目でも、努力次第で苦手意識を克服することは可能です。しかし、その科目をフロー状態に入れるぐらいにまで好きな科目にできるかというと、なかなか難しいですよね。

私も心理学の本を読んでいるときはフロー状態に入れますが、法律学の本でフローに入れるかというと、それは難しい。できるだけ、「やるべきこと」「やらなければならないこと」は切り捨てて生きていけるよう努力してきました。

私がここまで一貫して、「お金は、やるべきことに注ぎ込みなさい」とは言わずに、「お金は好きなことに注ぎ込みなさい」と言ってきた理由はそこにあります。

「好きこそものの上手なれ」というように、好きなことだから人はフロー状態に入ることができます。その物事に夢中になって取り組むうちに、知識や情報、スキル、ネットワークが育まれていきます。そしてそれを「仕事」に結びつけることによって、無限ループを回すことができるようになるわけです。

一方「好きではないが、やるべきこと」にいくらがんばって取り組んだとしても、この領域に達するのは容易なことではありません。

だからお金を注ぎ込むべきなのは、「やるべきこと」ではなくて「好きなこと」でなくてはいけないのです。

COLUMN

本当に怖い！　モラル・ライセンシング
——正しいことをした後は、少し悪いことをしてもいい!?

あなたは今、どんな目標を掲げているでしょうか？　それがあなた

にとって「正しいこと」だった場合、残念ながら、その行動はフローに結びつかず、「好きなこと」に変わっていく可能性が低いと言えます。

というのも、人には「モラル・ライセンシング」と呼ばれる性質が備わっているからです。これは「正しいことをした後は、少し悪いことをしてもいい」と考え、誘惑に弱くなる性質のこと。

例えば、「朝からジムに行ってトレーニングをがんばったから、少しくらい甘いモノを食べてもいい」「さっき欲しかったバッグを我慢したのだから、夕食は少し奮発してもいい」「先週は家族サービスをしたのだから、今晩はちょっとくらい羽目を外してもいい」「家族のためにずっと働いてきたのだから、浮気の一つくらいいい」など、人は「正しい」という理由で何かをしてしまうと、結果的に誘惑に負けやすくなっていく傾向があるのです。

しかも、「モラル・ライセンシング」の怖いところは、「正しいことをしよう」と思っただけで、実際に正しいことをやっていないにもかかわらず誘惑に弱くなる点です。

例えば、テレビのニュース番組の合間にCMが流れます。凄惨な殺人事件のニュースの後、平気で商品のCMがオンエアされます。あなたがスポンサーだとして、商品に殺人のイメージがつくのは避けたいと思うはずです。

ところが、ニュース番組の合間には今も昔も変わらず、一般消費財のCMが流れています。どうしてかと言うと、視聴者にはモラル・ライセンシング効果の一種が働き、重たいニュース、正しい報道の後には、誘惑に弱くなる傾向があるのです。

つまり、凄惨な殺人事件のニュースを聞き、心を痛めるという正しい行いの後には、ちょっと羽目を外したい気持ちになり、気晴らしから商品を買いたくなってしまうのです。

この心の働きを知っているか、知らないかで、あなたのお金の使い方、稼ぎ方には大きな変化が生じます。モラル・ライセンシング効果

による誘惑に打ち勝ちたいのなら、「正しいからやる」ではなく、「楽しいからやる」ように考え方を変えることが大切です。

「少し好き」が見つかれば、それを進化させればいい

また、読者のみなさんの中には、「自分にはフロー状態になって取り組めるものが一つもなかった」という人もいると思います。

しかし、焦る必要はありません。

現時点ではフローになれるものがない人でも、「フローになれるほど好きなことではないが、少し興味を持っている」というものならきっとあるはずです。**その「少し興味を持っていること」を「フローになれるぐらいに好きなこと」に進化させていく努力をすればいいのです。**

例えば、「趣味で楽器を演奏しているときには、フローになれる」という人がいたとしましょう。その人も初心者だった頃からフローになれたわけではなかったはずです。最初のうちは覚えなくてはいけないことが多く、技術的にも未熟なので、演奏することがそこまで楽しいとは感じられなかったのではないでしょうか。

しかし、演奏技術が徐々に上がっていくうちに、仲間とバンドを組んでライブハウスで演奏するといった「明確な目的」ができたり、曲に合わせて演奏スタイルを変えるといった「自分で状況をコントロールしている感覚」を持てたりすることができるようになります。

つまり、その物事に継続的に取り組んでいるうちに、フローの構成要素を少しずつ満たすようになり、当初は「それなりに好きだったこと」が、やがては「フローになれるぐらいに好きなこと」に進化するというわけです。

その点、毎日の仕事はあなたにとってどんな趣味よりも多くの時間を割き、継続的に取り組んでいく物事です。

そこに少しでも興味を持てる作業があるのなら、まずはそれに継続的に打ち込んで

みることが大切です。するとそれがあなたにとって「フローになれるぐらいに好きなこと」に変わるかもしれません。

また、フローになれるくらいに好きなことがある人でも、その物事が八つの構成要素のすべてを満たしているというケースは、じつはほとんどありません。

「その物事に取り組むときには『明確な目的』も持っているし、『選択と集中』もできているし、調子のいいときは『自意識の低下』や『時間の歪み』も体験できている。だけど『レスポンスの速さ』だけはないと思う」

といったように、何か欠けている要素があるものです。

けれども八つの構成要素のうちの多くを満たしているのであれば、欠けている残りの一つや二つについては、工夫次第で補うことは十分に可能です。

また八つの構成要素の二つしか満たせていないという人でも、それを深掘りし、尖(とが)らせていくことによって、より完成度の高いフロー状態を体験できるようになります。

好きなことを見つけたら、もっと楽しくなる工夫をする

ここまで述べてきたことを整理すると、まず大事なのは、フロー状態に入れる「本当に好きだと考えられること」を見つけることです。

その際、あなた自身に「九つの質問」を投げかけ、日々の仕事について「フロー体験につながる八つの構成要素」に照らし合わせて検証することが、役立ちます。

あなたの得意なこと、好きなこと、好きかもしれないものが見つかったら、それで終わらせてはいけません。**スモールゴールを設定したり、他者に妨害されない環境を作ったりといったように、より容易にフローに入りやすい状態を自分で整えていくことが大切です。**

するとその「好きなこと」が、もっと楽しくて、充実していて、成長感を持てるものになるわけです。

マーケティングの世界には「ゲーミフィケーション」という概念があります。

これはゲームが持っているレスポンスの速さや、他者と協力や競争をしながら物事

を成し遂げる、といった私たちがゲームをしていて楽しいと感じる要素を、ビジネスや社会的活動に取り込んでいこうという試みです。物事は、楽しんだほうが勝ちです。楽しみながらやったほうが絶対に成果が上がります。

そのためには、「楽しいことを見つける」とともに、「見つけたものを楽しもうとすること」も重要になります。フローになれる「好きなこと」を見つけたら、その「好きなこと」をもっと楽しめるように自分で工夫していくことが大切になるのです。

「好きなこと」を実現するためのプロセスでは、「あまり好きではないこと」に取り組まなくてはいけない場合もあります。

例えば、宇宙について思いを巡らせるのが大好きで、大学では宇宙工学を専攻したいと考えている高校生がいたとします。ただし夢を実現するためには、その前に受験勉強をしなくてはいけません。

物事を楽しもうとする力がある人は、その受験勉強でさえも楽しもうとします。受験勉強には「明確な目標」がありますし、夢を実現するためですから「活動自体に価値を見出す」こともできます。

またスモールゴールを設定すれば、「レスポンスの速さ」も実現できます。

つまり、受験勉強という一見ツライことでも、可能な限りフロー状態に近づける工夫をすることができるのです。

いずれにしろ、「好きなことを見つける力」と「見つけたことを好きにしていく力」の両方を備えた人は、無限ループを回すための条件を手に入れたといえます。

「好き」を「お金」に変えるために

■「本当に好きだと考えられること」を見つける

■少しでも興味を持てる作業があるのなら、まずはそれに継続的に打ち込んでみる

■「好きなこと」を見つけたら、その「好きなこと」をもっと楽しめるように工夫していく

第3章

「好き」を「お金」に変える

お金を生み出す五つのチャンス

「好きなこと」をマネタイズする

第2章では、「無限ループ」を回せるようになるためのステップには、以下の四つの段階があると説明しました。

STEP0：自分が「本当に好きなこと」を見つける
STEP1：「好きなこと」を極めていく
STEP2：「好きなこと」を収入に結びつけていくための工夫をする
STEP3：「好きなこと」で得たお金を再投資する

このうち、第2章で「STEP0：自分が『本当に好きなこと』を見つける」「STEP1：『好きなこと』を極めていく」について「九つの質問」と「フロー」という切り口であなたの仕事の中にある「好きなこと」を掘り起こし、それを高めていく方法を紹介しました。

続くこの第3章では、「STEP2：『好きなこと』を収入に結びつけていくための工夫をする」に入っていきます。

すなわち、好きなことをマネタイズする、お金の稼ぎ方について五つのポイントから解説していきます。

ではさっそく、一つ目のポイントである「アピール＆コミットメント」から話を進めていきましょう。

Chance

1

好きなことを
宣言して、
人に知ってもらう

「好きなこと」をマネタイズするための第一歩は、「自分は何が好きで、その物事がどれだけ得意で、具体的に何ができるか」をみんなに知ってもらうことから始まります。

どんなにその物事に習熟していたとしても、周りに知ってもらわないことには「今度こういうプロジェクトがあるのだけど、やってくれないだろうか」といったオファーが来ることはないからです。

周囲に知ってもらうための努力、それが「アピール＆コミットメント」です。

本書の中で私は、自分が一番大切にしているのは、「読書を通じて知識を得ること」であると何度も繰り返してきました。また最近ではコンサルティングのように、知識と知識を組み合わせて最大化し、それを実践に応用していくような仕事が増えているという話もしました。

こんなふうに、自分がやりたいことをできるようになるためには「私はこれが好きであり、得意です」「その得意なことを活かして、こんなことができます」ということを周囲に公言することが欠かせません。

私はこういうことが好きで、それを仕事に活かしたいと主張していくことで、初めて周囲の人々のあなたへの認識も変わってくるわけです。

言わないと周りは気づいてくれません。気づいてくれないということは、誰からもそのことについての依頼が来ないということです。当然「好きなこと」を「仕事」につなげていくことも難しくなります。

多くの人は照れや恥ずかしさがあって、自分の好きなことや、やりたいことを、家族や恋人、親友といったごく限られた人にしか打ち明けていません。その奥ゆかしさは美徳ではなく、本来、得られたはずのチャンスを逃してしまう消極性の現れだといえるでしょう。

好きなことをアピールし、相手の需要にコミットする

例えば、イェール大学のスタンレー・ミルグラム教授が実験した「六次の隔たり」という理論があります。

これは自分の友人（一次の隔たり）の友人（二次の隔たり）のそのまた友人（三次の隔たり）というふうに辿（たど）っていくと、平均して六次の隔たりのところで世界中の誰とでもつながることができるというものです。

インターネットとSNSの普及によって、ミルグラム教授の理論の実現性はさらに高まっています。あなたもSNSで小さな子どもが情報を発信し、それに気づいた周囲の大人が拡散。会いたいと憧れていたスター選手との対面が実現したといったニュースを見聞きしたことがあるはずです。

仮にあなたがアメリカの大統領やハリウッドスターと話をしてみたいと本気で望み、全力で周囲にアピールしていれば、時間はかかっても六次の隔たりによって実現します。しかし、心の中で願っていても変化はありません。

ですから、初対面の人であろうが何だろうが、できるだけたくさんの人に「あなたの好きなこと」「得意なこと」を話すべきなのです。**ここでは言葉にすることそれ自体が、投資になります。**

ただし、アピールだけでは受け取る相手にとっては「ただの押し付け」となってしまう可能性があります。そこで、大切になるのが「コミットメント」です。**「自分はこういうことが好きだから、何か困ったことがあったら言ってください。力になれます」と。**これがコミットメントです。

一例をあげると、私には学生時代から旅が大好きで、格安航空券や格安ツアーの探し方、マイルのお得な使い方などを熟知した知人がいます。彼女は当初、周囲の友人に「旅に行く前に声をかけて。今までのノウハウ、全部使ってお得なプランになるよう手伝うよ」と声をかけていました。

すると、次第に口コミで友人の友人まで相談に来るようになり、需要に気づいた彼女はブログにノウハウを書くようになっていきました。そして、現在はお得な旅をプランニングし、実践する紀行ライターとして独立しています。

このように自分の得意分野をアピールするだけでなく、相手の需要にコミットして、磨いた能力を発揮し、助ける準備があることを宣言していきましょう。このアピール&コミットメントを日頃から意識し、繰り返していくと、あなたから話を聞いた友人、知人からだけではなく、その友人、知人、そのまた知り合いからオファーがやってきます。

マネタイズのチャンスは、六次の隔たりの向こうにいくらでも隠れているのです。

「好きなこと」をひと言で言えることが大事

もちろんこちらがアピールをしたときに、相手によっては「そんな夢みたいなことばかり語ってないで、もう少し現実を見たらどう?」といった冷ややかな反応が返ってくることもあるでしょう。

しかし気にする必要はありません。人の夢や志を笑う人は、自分が夢や志を持っていない証拠です。

「まあ、こういう人もいるよね」くらいで受け流しましょう。「下手な鉄砲も数打ちゃ当たる」の精神で、会う人会う人に自分がやりたいことを話していれば、必ずこちらの言葉に真剣に耳を傾けてくれる人が現れます。

また、アピールをするときには、自分がやろうとしていることを、ひと言で言えるようにすることが大事です。

じつは私も以前メンタリストとして活動し始めた頃、そのひと言がうまく言えずに苦労していました。

「DaiGoさんのやっていることって、マジックですよね?」
「超能力みたいなものでしょうか?」

という問いに対して、「それは違います。心理学や表情分析学といって表情筋の動きから相手の心理を読み取る学問、ほかには会話術など、そういったものを総合的に使って……」

と、なんとか長々と説明をするのですが、全然わかってもらえません。

そこでメンタリズムとは何か、自分がやろうとしていることは何なのかを一生懸命考えた末に、見つかったひと言がこれでした。

「科学とロジックで超常現象を再現する。それがメンタリズムです」

このひと言が言えるようになってから、自分がやろうとしていることに対する相手の理解度がまったく違ってきました。

相手にわかってもらえないと、自分がやりたいことはできません。**そのためには「あなたは何の人ですか?」と聞かれたときに、短いセンテンスで答えられるようになっておく必要があります。**

「好き」を「お金」にするために

■「得意なこと」「好きなこと」を勇気を出して宣言しよう
■夢や志を笑う人の意見は気にしない
■好きなことを「ひと言」で言えるように準備する

Chance 2

ギブ＆ギブ

人を助けると
大きなお返しがある

二つ目のポイントは「ギブ&ギブ」です。

「返報性の法則」という言葉を聞いたことがある方は多いと思います。

これは、人は誰かから何かをしてもらうと、必ずそのお返しをしなくてはいけないと感じる心の働きのこと。例えば、納期ギリギリの大変な仕事をしているとき、同僚が残業を買って出て助けてくれたら、「今度は自分が同僚を助けなくてはいけないな」と思います。

その心理が返報性の法則です。

しかも、この法則で興味深い点は、助けてもらった人が「自分が受けた恩以上のお返しを相手にしなくてはいけない」という気持ちになることです。

心理学者のデニス・リーガンは、コーラを使ったある実験をしました。

まず、美術に関する調査という名目で被験者を集め、それぞれに指定した時刻に展覧会場に来てもらいました。会場には参加者のふりをしたリーガンの助手がいて、2人で絵の評価をし、途中で助手は、休憩をとり、無料のドリンクをもらえる場所に向かいます。そして戻ってくるときに、手ぶらで戻るパターンと、コーラを持ってきて被験者に渡すパターンの2通りの行動をしました。

そのうえで助手は、被験者にこんなお願いをしました。

「私は宝くじを売っているのですが、まだ少し売れ残っているのです。1枚25セントで、もし売り切れば自分は50ドルをもらえるのですが、何枚でもいいので買ってもらえないでしょうか?」

するとコーラをもらった被験者の宝くじを買った割合は、何ももらわなかった被験者の2倍でした。無料で手に入れたコーラでも、もらった被験者に大きな影響を与えたのです。

そのほかの実験からも、相手のために何かいいことをすると、相手からのそれ以上のお返しを期待できることがわかっています。

プレゼントは「先手必勝」「さりげなく」がポイント

「ギブ&ギブ」では、この返報性の法則を使って、あなたの身の回りに味方を作っていきます。できれば、「アピール＆コミットメント」と並行して進めると効果的です。

事前に身近にいる人たちを味方にすると、マネタイズに向けて「好きなこと」に集中したいとき、周りがサポーターになってくれます。ところが、「ギブ＆ギブ」をしないままでいると、「世の中はそんなに甘くない」「本業に集中しろ」などと、あなたの選択と集中を邪魔する人が必ず出てきます。

だからこそ、自分に味方してくれる人、極端にいえば、贔屓（ひいき）してくれる上司や先輩を育てておくことが、とても重要です。返報性の法則を意識した「ギブ＆ギブ」は、「六次の隔たり」でいえば、二次の隔たり、三次の隔たりの関係まで味方にすることができます。

では、具体的に何を「ギブ」していけばいいのでしょうか。じつは、この後に続く三つ目のポイントの「貢献」では、あなた自身の行動で相手に役立つことが重要になってきますが、「ギブ＆ギブ」で配るのは品物です。

ただし、相手にあげるものは、高価なものでなくても構いません。むしろ、家族や恋人といったごく親しい人を除いて、高価なものを誰かにプレゼントすることは逆効果となります。

例えば、あなたが女性だとして、さほど親しくもないおじさんからブランド品の靴やカバンをプレゼントされたらどう思うでしょうか。

「この人、絶対に下心がある。気持ち悪い」と、完全に警戒しますよね。仮にあげる側に下心がなかったとしても相手はそう思い込みます。

しかし、タクシーに乗ったときに、運転手のおじさんから「これ、いかがですか？」と飴玉を渡されたら、どうでしょうか。素直に「ありがとうございます」と受け取るのではないでしょうか。

このように友人、知人、知り合ったばかりの人に何かをプレゼントするときは、高価なものよりも、飴やお菓子といった相手が気軽に受け取れる品物のほうが効果的なのです。先ほど、無料のコーラで宝くじを買ってもらった実験を紹介しましたが、人は些細(ささい)なプレゼントでも何かを返さなくてはならないと感じます。

ポイントは先手必勝で、さり気なくプレゼントすること。たとえそれが飴玉一個でも、毎日繰り返し何度もプレゼントすることで、「何だかあの人には、いつも気にか

けてもらっている な」という印象を相手の胸に刻み込むことができます。

手書きのメッセージが、あなたのギブをさらに魅力的にする

「ギブ&ギブ」の効果をさらに高める方法として、プレゼントするときにカードや付箋にひと言メッセージを添える方法があります。

例えば、夜遅くまで忙しく働いている同僚たちに栄養ドリンクを差し入れるとしたら、「毎晩残業お疲れさまです。もうあとひとがんばりです。一本どうぞ!」といったメッセージを書いた付箋を栄養ドリンクに貼って、みんなに渡すわけです。

栄養ドリンクの広告でも使われている手法ではありますが、実際に手書きのメッセージ付きで渡すことで、何の変哲もない普通の栄養ドリンクが心のこもったプレゼントに変身。もらった側には強烈な印象が残ります。

栄養ドリンクの値段は、200円ほど。そこにメッセージを添えるだけで、あなたの味方が増えていくのです。

「ギブ&ギブ」のプレゼントで大切なのは、値段ではありません。こちらの気持ちが

伝わるかどうかがポイントとなるのです。

ちなみに、こうしたメッセージ付きのプレゼントが、いかに相手に好印象をもたらすものであるかを実証した実験があります。

実験が行われたのは、あるレストランです。お会計のときに、ウェイターがレシートや伝票の裏に「Thank You」というメッセージとスマイルマークを描いてお客さんに渡したところ、チップの額が格段に上がったのです。

ですから、メッセージを添えるのはプレゼントをするときだけに限る必要はありません。仕事中に同僚に書類を渡すときでも、ひと言メッセージを書いた付箋を貼ったうえで渡せば好感度は確実に上がります。

週の「始め」と「真ん中」、ギブに効果的なタイミングはどっち？

「ギブ＆ギブ」をさらに効果的なものにするには、相手の印象に残りやすいタイミングを選ぶことも重要です。

というのも、返報性の法則を期待するのなら、いかに相手の記憶に残る与え方をするかがカギとなるからです。与えてもらったことが記憶に残れば残るほど、相手は「いずれは返さなければ」という気持ちになります。

先ほど例に出した上司や同僚へのメッセージ付きの栄養ドリンクのプレゼント。これも差し入れの効果が増すタイミングがあります。当然、課内全員が残業している期末などは効果的ですが、普通の1週間であれば、水曜日がオススメです。

なぜなら、人は疲れを感じているときや心がすさんでいるときほど、親切なことをされると胸にしみるからです。

月曜日はまだ週の始まりですから、「ああ、また仕事が始まるのか」と精神的には憂鬱だったとしても、肉体的には十分休養をとっているのでコンディションは良好です。逆に金曜日は肉体的には疲れ切っていますが、明日から休みですから精神的には盛り返しています。

その点、週の真ん中の水曜日は、精神的にも肉体的にも一番つらい曜日です。**です**

から、水曜日を狙って栄養ドリンクを渡せば、同じ「ギブ&ギブ」でも印象が深くなり、効果が高まります。

同じ手法は誕生日プレゼントなど、記念日にも使えます。

例えば、当日にプレゼントを渡すと、他の人の贈り物に紛れてしまい、印象が薄まります。そこで、あえてまだ誰からもプレゼントをもらっていない、3日前や4日前に渡してしまうのです。

すると、サプライズ効果もあり、印象が強くなります。

与えたギブは、あなたへのギブとなって返ってくる

あるいは本人の誕生日ではなく、その人の家族の誕生日にプレゼントを渡すのもいいでしょう。**例えば、その人が飼っているペットの誕生日をさりげなく聞き出しておいて、その誕生日にプレゼントを渡す。**これは犬好きや猫好きの人なら間違いなく記憶に残るはずです。

ちなみに私の場合は、お世話になっているある先輩の奥様に対して母の日にプレゼントを贈ったことがあります。

「自分の息子にも、もらったことがないのに」と、とても喜んでくださり、すごく印象に残る贈り方ができました。

その他、あなたが先輩として後輩に食事代を渡すというようなシチュエーションでも、渡し方によって後輩が抱く印象も大きく変えることができます。

若手数人が飲み会に行くときに1万円を渡しても、「ありがとうございます」と言われて終わりです。**しかし、ランチのときに1万円を渡したら、どうでしょうか？**

かなり豪華な食事を楽しむことができるので、同じ1万円でもあなたへの印象はがらりと変わり、「先輩は太っ腹」となります。

そして、先輩にランチを奢ってもらったことを、後輩は後々まで覚えていることでしょう。

ちなみに、「ギブ&ギブ」とギブが2回重なっているのにも理由があります。一つ目のギブはあなたからの相手へのプレゼントを示し、二つ目のギブは味方になってくれた人たちがあなたに何かを与えてくれるという意味です。

「好き」を「お金」にするために

■飴や栄養ドリンクといった相手が気軽に受け取れるプレゼントで味方を増やす

■プレゼントには、ひと言メッセージを添える

Chance 3

「好きなこと」を通じて他人に「貢献」する

「アピール&コミットメント」がマネタイズの準備段階だとすると、三つ目のポイントである「貢献」は具体的なアクションだといえます。

コミットメントが「貢献する準備がありますよ」という宣言ならば、「貢献」は言葉通り、あなたの「好きなこと」で他人の役に立つ行動を起こす段階です。

私でいえば、好きなことは「本＝知識を得ること」ですから、知識を通じて他人に貢献することを心がけています。

例えば仕事で出会った人から、「今うちの会社でこういう問題を抱えていて、ちょっと悩んでいる」と打ち明けられたとします。

そんなときには、「その問題については、心理学者の○○という人がこんな理論を発表しているので参考になると思いますよ。その理論はですね……」というように、自分が持っている知識を提供することで、相手の課題解決に貢献するわけです。

これによって自分がアピールしたいポイントを、相手に強く印象づけることができます。

「ＤａｉＧｏってパフォーマンスをする人だと思っていたけれども、心理学関係の本をすごく読み込んでいて、豊富な知識を持っている」と思ってもらえるわけです。

すると今度はその人が周りの人たちに、「ＤａｉＧｏって、ビジネスとか人間関係作りに役立つ心理学の知識をたくさん持っているから、何かあったときには紹介するよ」と宣伝してくれ、いろいろな人とのつなぎ役になってくれるのです。

一方で「好きなこと」を通じて他人に貢献するためには、自分の夢ばかり語るのではなく、相手の夢に耳を傾けることも大事です。

「日本にやってきた外国人に、もっと深く日本を知ってもらうためのプログラムを提供するビジネスを起こしたい」

「今の日本の農業は高齢者ばかりになっていて、このままではいずれ行き詰まってしまう。何とかもっと若い就農者を増やしたい」

といった夢を語る人と出会ったとします。そういった夢を抱く相手に対して「自分の好きなこと」であり「得意であること」を通じて、自分はどんな貢献ができるかを考えてみるのです。

「その夢だったら、私はこういうかたちで貢献できますよ。じつは私は○○が得意です」ということになれば、そこからビジネスアイデアが生まれて、お互いにビジネスパートナーとして手を組むことも起きます。お互いにお互いの夢に貢献し合えるわけです。ともあれ、「貢献」の出発点は「アピール＆コミットメント」にあります。

「私はこれをやりたい！」と、積極的に周囲に発信してください。そして相手の夢にもちゃんと耳を傾けて、その夢に対して自分はどんな貢献ができるかをいつも考えるように心がけましょう。

そして、「ギブ＆ギブ」によって味方を作っておくことで、あなたの貢献を受け入れ、評価してくれる人が増えていきます。

マネタイズのための五つのポイントは、それぞれ独立したものではなく、影響しあって相乗効果を上げていくものです。これを続けているうちに、自然にマネタイズのチャンスが訪れます。

「貢献」のメリット①：ムダ遣いをしなくなる

「好きなこと」を通じて他人に貢献するという意識を持ち、そして実際に貢献することは、三つの副次効果をもたらしてくれます。

自分の行動によって誰かを助けることができたとき、私たちは自己効力感や自尊心が高まります。するとどうなるかというと、意外かもしれませんが、人はムダ遣いをしなくなるのです。

心理学などの研究によって、自尊心が低い人ほど物質主義の傾向が強いことが明らかになっています。欠けてしまっている自尊心を高価なブランド品を身につけ、高級車を乗り回すことなどで埋めようとするからです。

一方、自尊心が高い人は、「自分はできる」「周りからも認められている」「自分には人を助ける力がある」といった自信があり、モノで欠けている自分を埋める必要はありません。

この自尊心と物質主義の関係については、心理学者のラン・グエン・チャプリンとデボラ・レダー・ジョンがこんな興味深い実験をしています。

彼らは子どもたちを集めて、まず自尊心に関するアンケートに答えさせ、次に「自分が幸せになること」というテーマで貼り絵をさせました。

すると自尊心が低い子どもほど、自分が持っている物を貼るという結果が出ました。つまり、物によって欠けている自尊心を満たそうとする傾向が表れたのです。

さらに子どもをペアにして、お互いのいいと思うところを紙皿に書き、相手に渡すということをさせ、その上で、もう一度貼り絵をさせたところ、紙に物を貼る割合が明らかに減りました。

これは自尊心が低かった子どもが、自分にもいいところがあることがわかって、少し自尊心が高くなったことによるもの。**つまり、物質主義だから自尊心が低いのではなく、一時的でもいいので自尊心が高まると、人は物欲から離れることができるのです。**

同じように「自分は『好きなこと』を通じて他人に貢献できている」という実感が持てるようになると、自然とムダ遣いはなくなっていきます。

「貢献」のメリット②：幸福感が得られる

「好きなこと」を通じて他人に貢献することによって得られる二つ目の副次効果は、幸福感が得られることです。

人は、誰かのために何かをしたことによって、「自分は人の役に立つことができた」と実感できると、幸せな気持ちになれる生き物です。

人のために何かをすることを「利他的行動」といいます。誤解されがちですが、「利他的行動」とは自分を犠牲にして他人のために尽くすことではありません。

あなたが友人、知人のために自分の得意なことを活かして行動したことで、相手の悩みが解消し、苦境から抜け出せたとしましょう。**そのとき、あなたは喜び、ほっとした相手の表情を見て、必ず「ああ、いいことができたな」と幸せな気持ちになるはずです。**

つまり、他人の幸せに貢献できたと感じることが、じつは自分の幸せにつながるわけです。つまり、利他的行動とは、他人のためであると同時に自分のためでもあるのです。

これを実践しているのが、大富豪の人たちです。

ビル・ゲイツやウォーレン・バフェットといった大富豪たちは、好きなことを極め、再投資する無限ループによって巨万の富を築いた後、積極的に慈善事業への寄付を行っています。

なぜ、彼らが他人のためにお金を使うかというと、そこに貢献によって得られる幸福感があるからです。

「自分は誰かの役に立てた。誰かを助けてあげることができた」という精神的な充足感は、お金を稼ぐだけでは得られません。だからこそ、様々なことにお金を使ってきた「お金の使い方の達人」でもある大富豪たちは、無限ループの先で「他人のためにお金を使うこと」を実践するのです。

実際に、どうすれば人生がより充実するかを研究することを目的としたポジティブ心理学でも、自分のためにお金を使うよりも他人のためにお金を使ったほうが、幸福度が高まるということがわかっています。

オレゴン大学のウィリアム・ハーボー教授は、他人のために自発的にお金を使ったときと、強制的にお金を徴収されたときとでは、脳の活動がどのように違ってくるかを実験しました。

この実験では被験者に対して、架空の銀行口座に100ドルが入っていると仮定して、その100ドルの一部が貧しい人のための税金として強制的に徴収されると知らされます。そのうえで、残りの金額を自分のためにとっておくか、寄付するかを考えてもらいました。

するとどちらのケースも、脳が喜びを感じたときに反応する尾状核と側坐核が活性化しました。ただし自発的に寄付したときのほうが、より脳が大きく活性化することがわかりました。

つまり、強制的であろうと自発的であろうと、困っている人のために自分のお金を使えることは、私たちにとってうれしいことであり、自発的に貢献したときにはさらに大きな喜びが得られるわけです。

とはいえ、私たちの場合は、大富豪のようにポンと気前よく大金を寄付するというわけにはいきません。それでも困っている人を見たら、お金とは違うかたちで何とかその人を助けたいと思うものです。

ここ数年、海外で行われている貢献の方法として、真冬に自分が使わなくなったコートを、「寒い日が続きますね。よかったらこのコートを使ってください」といったメッセージを添えて、電信柱に引っかけておくというものがあります。ホームレスの人たちに着てもらうためです。

「きっと自分が差し出したコートによって、ホームレスの人たちは寒さをしのぎ、命をつなぐことができるはずだ。自分はいいことができてよかったな」と、そう思えるだけで、人は幸せな気持ちになれるのです。

そして、もし「好きなこと」を通じて他人を助けることができたとしたら、その幸福感はさらに大きくなります。

お金を寄付したり、電信柱にコートを掛けたりすることで困っている人を助けることは、お金やコートさえ持っていれば誰でもできます。しかし、自分が「好きなこと」

で培（つちか）ってきた知恵や知識やネットワークを駆使してその人を助けることは、自分にしかできないことだからです。

これは何ものにも替え難い大きな喜びになります。

「貢献」のメリット③：人脈ができる

例えば、社内で新たにウェブサイトを立ち上げるといった場面で、予算がなくテキストやデザインなど、制作を担当できる人はいないかという話になったとしましょう。

その際、「デザインが好きだから」「原稿を書くのが得意だから」と手を挙げて、貢献すると、それがそのままあなたの人脈を広げるチャンスになります。

なぜなら、あなたの好きなことによって助かった人たちは、ほかの場面で同じようなことで悩んでいる人たちと出くわしたとき、必ず思い出してくれるからです。

「じつはうちの会社の同僚がデザインを得意としていて」

「部下が原稿をまとめるのが得意で」

そんなふうに口コミであなたの評判を広げてくれます。

これもまた、返報性の法則が働いているから。

好きなことでした貢献に対して、周囲は自分が受けた恩恵以上のものをあなたに返そうとしてくれるのです。

特に「アピール&コミットメント」を済ませ、「自分は○○が大好きで得意でもあるから、これを仕事や収入に結びつけたいと考えている」ということをきちんと周囲に伝えることができていれば、相手はこちらの夢を叶えるために、陰になり日向になり協力や応援をしてくれるはずです。

よく飲み屋さんなどで有名人の名前を出し、自分は誰々を知っていると語っている酔客がいますが、知っていることとつながっていることはまったく別問題です。

人脈とは誰かを知っていることではなく、誰かに知られていることです。それも「あの人は何々が得意で、何々の相談に乗ってくれる」といったところまで伝わっていてこそ、人脈だといえます。

その点、あなたの好きなことで貢献し、その結果、広がっていく人とのつながりは人脈となって、かけがえのない財産となっていくのです。

「好き」を「お金」にするために

■**好きなことで貢献し、自分の好きなことを強くアピールする**

■**相手の話を聞き、自分ができることで手をかそう**

■**好きなことを通じて他人の力になり、人脈を作る**

COLUMN

物質主義テスト

物質主義テストは、あなたがどのくらい物からの誘惑を受けやすいか、物欲を満たすことで満足すると考えているかを明らかにしてくれます。

10個の設問のうち、自分に当てはまるかどうかを「1」から「5」の間でチェックしていきましょう。すごく当てはまる場合は、5、当てはまらない場合は1、どちらでもない場合は3です。あまり深く考えず、直感的に選択するほうが、正確な結果が出ます。

物質主義テスト

問1 高級車や豪邸を持つ人に憧れる。

問2 買った物で人生の成功を判断する。

問3 それほど必要のないものまで買いたがる。

問4 高級なもの、いいものをもっと所有したら幸せになれると思う。

問5 自分が欲しいちょっと高級な物が手に入らないとイラッとくる。

問6 高級品に囲まれているのが好きだ。

問7 高級品を買うと自分に満足する。

問8 友人や家族よりも物へのこだわりが強いと思う。

問9 ブランド品のためなら大金を払ってもいい。

問10 他人が羨ましがるものが欲しい。

いかがですか？

10〜20ポイントまでは物質主義が低め、21〜40ポイントは普通、41〜50ポイントは高めです。

高めな人ほど、高級車や豪邸に憧れを持ち、成功の証として高価な品物を買い、自分の収入では手に入れられない高級品やブランド品が存在することにフラストレーションを感じます。

41ポイントをオーバーした人は、自分の成功も周囲の人の成功も所有物で判断する超物質主義者です。常に自分の器以上のステイタスを求めるため、金銭欲もとどまるところがありません。

結果的に稼ぐ力が磨かれていきますが、使い方に問題があるため、幸福感を得るのが難しくなっていきます。

21〜40ポイントの人は、30ポイントを中間点として物質主義がやや低め、やや高めと分けることができます。このゾーンに当てはまっている人は稼ぎ方と使い方のバランスが取れているタイプが多く、大きな金銭トラブルに巻き込まれることは少ないでしょう。

一方、10〜20ポイントの物質主義が低めの人は、稼ぎ方への関心も高まらないため、急に現金が必要な事態などが起きた場合、生活のバランスを崩してしまう可能性があります。

そして、この物質主義テストにはもう一つポイントがあります。それはお金を手に入れた状況下で行うと、異なった結果が出るということです。例えば、ボーナスをもらった日にテストをしてみると、物質主義者寄りのスコアになっていきます。

どんな人も環境の変化によって、強い影響を受けるのです。普段と変化のない状態でテストを試した人は、ぜひ「宝くじで3億円当たった」イメージを膨らませて、再度、テストをしてみてください。

特に21〜40ポイントの中間ゾーンにいた人ほど、高いスコアがでるはずです。

Chance 4

「弱いつながり」こそ大切にする

スタンフォード大学の社会学者であるマーク・グラノヴェッター教授は、転職したばかりの専門職、技術職、管理職に就いている人たちが、仕事の情報を誰から得ているかについての調査を行いました。

その結果、「強いつながり」から転職の情報を得ている人が17%だったのに対して、「弱いつながり」から得た人は28%となり、「弱いつながり」から次のチャンスを得ている人が多いことがわかりました。

ここでいう「強いつながり」とは、家族や恋人、親友、学生時代の友人、会社のごく親しい人のこと。一方、「弱いつながり」とは、昔一緒に仕事をしたことがある取引先の担当者、子どもつながりのパパ友やママ友、ご近所さん、趣味や地域活動の仲間といった人たちです。

一見すると、「弱いつながり」よりも「強いつながり」のネットワークのほうが頼りになりそうです。たしかに日常において手を差し伸べ、助けてくれるのは身近な人たちでしょう。

しかし、強いつながりでつながった人たちは、あなたと似たような環境で生活や仕事をしています。

つまり、好きなことを突破口にして新しい世界に飛び出したいとき、今いるコミュニティの外にチャンスを求めるときには、自分とは異なる環境にいる「弱いつながり」の人たちとのつながりが役立つのです。

例えば、40ページでも話した例ですが、どうしても行きたいアーティストのライブのチケットが抽選で販売されることになったとします。

チケットを手に入れられる可能性を少しでも広げるためには、自分で応募をしたうえで友達にも自分のためにに応募をしてくれるように頼み、さらにはあらゆるツテをたどって、アーティストやライブの関係者から直接チケットを入手する方法を探るのが最も効率的です。

このときカギを握るのが、あらゆるツテをたどるときのツテが、いったいどれくらいあるかということ。日頃から「弱いつながり」を大切にしている人は、ツテがたくさんあります。その中から、「僕の知り合いに、あのアーティストの事務所関係者がいますよ。何とかチケットを取れないか聞いてみますね。○○さんにはいつもお世話になっていますから、それぐらい任せてください」と言ってくれる人が、現れないとも限りません。

こんなふうに「弱いつながり」の知人から、「いつもお世話になっていますから、それぐらい任せてくださいよ」とチャンスを与えてもらえるよう可能性を広げておくのが、四つ目のポイントである「弱いつながり」です。

「知っている」よりも「知られている」が重要

「弱いつながり」について考えていくうえで、まずはこんな質問をしたいと思います。

今、あなたが交友関係を結んでいると思える人数は？　と。

友人、知人、会社の同僚、学生時代の仲間など、家族を除く、交友のある人たちの顔を思い浮かべてみてください。何人くらいになったでしょうか。

じつは、イギリスの人類学者であるロビン・ダンバー教授は、研究の結果、人が「つながり」を持てるのは１５０人という説を発表しています。この数字は教授の名前からダンバー数と呼ばれ、「それぞれと安定した関係を維持できる個体数の認知的上限」とされています。

ちなみに、この研究の土台になっているのはサルの研究で、教授は大脳新皮質のサイズからこの数字を導き出しています。

つまり、脳の機能として定期的に連絡を取り合って交友関係を維持できる人数は150人だということです。

そう考えると、「弱いつながり」の及ぶ範囲は意外に狭いと感じるのではないでしょうか。あなたがよく知ることのできる交友相手の限界は150人。学校に置き換えると約4クラス、大企業ならば同期の数だけでもいっぱいになってしまいます。

だからこそ、「アピール&コミットメント」や「ギブ&ギブ」が重要なのです。

というのも、あなたが相手のことを把握している150人の向こうには、一人につき、150人の弱いつながりがあります。あなたがよく知る範囲の限界は150人かもしれませんが、あなたのことを知っている人はダンバー数に関係なく広げていくことができるのです。

つまり、知っていることよりも、知られていることのほうが重要だということ。あなたが自分の好きなこと、得意なことをアピールし、それで貢献できることを宣言し、日頃からギブを繰り返すことで、ダンバー数の限界を超えて「弱いつながり」が広がっていくのです。

リコネクションで、切れてしまったつながりを取り戻せ

また、一旦、切れたつながりを復活させ、「弱いつながり」としてキープするリコネクションという手法があります。

やり方は簡単です。

それは相手の顔と名前、特徴（家族構成、好きなこと、得意なことなど）という三つのポイントを覚えておくこと。初対面で自己紹介をし合った後、記憶するのではなく、必ず手帳や名刺、スマホのメモ機能などに記録しておきましょう。

一見すると、できる営業マンの営業手法のようですが、実際にビジネスシーンで人脈を活かすのがうまい人は必ずこのリコネクションという手法を使っています。

ひさしぶりに会った際の挨拶で、相手のパートナーの名前を出しながら「○○さんはお元気ですか？」、お子さんの名前を出しながら「○○くんはおいくつになりましたか？」、相手の趣味に関連する話題で「最近はどちらのコースでプレーされているのですか？」など、ちょっとしたひと言を添えるだけで、会わなかった間に離れてし

まった距離感を一気に縮めていくのです。

ダンバー教授が、定期的に連絡を取り合って交友関係を維持できる人数は150人と定義したように、弱いつながりの輪の外側には会わなくなったものの、過去には知り合いだった人たちがいます。

最近で言えば、SNSでつながっていて、お互いの近況はなんとなく伝わってくるものの、もう4、5年は会ってない……そんな関係の相手です。

自然に任せていると、そのままさらに関係は薄れていってしまうものですが、リコネクションの三つのポイントを押さえ、実践している人はフットワーク軽く連絡を取ります。

何か困ったことや解決したいことがあるとき、「あの人は、何々が得意だった」と思い出し、「この案件を手伝ってくれるかもしれない」と連絡を取り、つながりを取り戻す——リコネクトするのです。

これが弱いつながりを上手に使っている人たちの特徴です。

「アピール&コミットメント」や「ギブ&ギブ」で、あなたの存在を広めておけば、リコネクション能力の高い人から声のかかる確率が高まります。逆に、あなた自身がリコネクションを実践しておくことは、好きなことをマネタイズしたいときの大きな助けになります。
お金は「弱いつながり」の中から生み出されるのです。

「好き」を「お金」にするために

■「弱いつながり」こそ大切にしよう
■誰かを「知る」ことよりも、相手に「知ってもらう」ことを重視する
■知り合った相手の「顔」「名前」「特徴」を記録する

Chance 5

決断すべきときは「直感」を信じる

世の中には2種類の人がいます。それは、チャンスをつかみに一歩を踏み出せる人と、気づいたチャンス、気づかなかったチャンス、そのどちらも逃してしまう人です。「アピール&コミットメント」であなたの存在を周りに知ってもらい、「ギブ&ギブ」で好感度を上げ、「貢献」で実力を示し、いよいよ「弱いつながり」のネットワークの向こうから、あなたにチャンスが巡ってきたとしましょう。

そのとき、あなたは迷わずチャンスをつかみにいける人でしょうか?

マネタイズのための五つ目のポイントは「直感」です。チャンスに向かって一歩踏み出せる人は、必ず「直感」の力を信じています。

直感は誰もが備えている能力です。それはある心理実験でも明らかになっています。この実験では2枚の写真を1・5秒ずつ、順に見せていきます。

例えば、最初に私の普段の写真を見せ、1・5秒後に1回真っ白な画面に切り替わり、直後に今度はメガネを掛けた私の写真が表示され、1・5秒で消えます。

次に「今、写真のどこかが変わったことに気づきましたか?」という質問が出ます。

メガネのあるなしですから、すぐに気づきそうですが、1・5秒、真っ白、1・5秒はかなり速く多くの人はどこが変わったかに気づきません。

ただし、ここからが大事なところですが、どこが変わったか気づかなかった人も、何かが変わったことには気がつきます。見せるものを、写真を絵に変えたり、小物に変えたりして繰り返しても同じ結果が出ます。

何かが変わったことには気づき、でも、どこが変わったかは具体的に指摘できない。この現象の裏にあるのが、直感です。直感的に変化を察するものの、具体的な違いは指摘できない。その理由は、人の脳が直感を使うときに働かせる部位と、じっと何かを見て状況を判断しようとするときに使う部位が、まったく違うからです。

論理的に考え、熟考の末に行動するときと、直感によって物事を判断しているときでは、脳で行われている情報処理のプロセスがまったく異なると指摘したのは、アメリカのヴァンダービルト大学の研究チーム。彼らは脳の働きをスキャンし、直感で判断を下すとき、人は論理的な思考プロセスを無視していることを突き止めました。

「直感」が、あなたを正しい方向へ導いてくれる

では、そうした判断や決断は誤りかというと、そんなことはありません。むしろ、直感での選択は正しいことが大半です。

例えば、イスラエルの大学の研究では、直感によって下された判断の90％は的中するという結果が出ています。

この実験では、先ほどの写真とは違い、スクリーンの右と左に2つの数字が素早く連続して表示されます。そのうえで、被験者は「右と左の数字では、どちらのほうが平均値が高かったでしょうか？」と質問されます。

表示のスピードは速く、被験者は数を記憶したり、計算をすることはできません。それでも実験結果を見ていくと、同じ実験を6セット行ったときの正解率は65％、24セットやったときの正解率は90％に達したのです。

つまり、人は意識的、論理的に思考しても無理なことに対して、直感的に判断することで正しい選択ができるのです。たしかに、火傷しそうなくらい熱いものを触ったとき、論理的に「熱いから、手を離さなければ」と考えていることはありません。口で「あちっ」と言ったときには、すでに手はそこから離れているはずです。

あるいは、初めて会った人に対して「なんとなくいい人」だと感じることもあれば、

「なんとなく相性が悪そうだな」と思うこともあります。過去の経験を振り返ってもらえれば、かなりの確率で直感的な印象は的中しているのではないでしょうか。

「なんとなく相性が悪そうだな」と思った相手は、その後、付き合いが続いても「やっぱり」と感じることが起きていきます。逆に「なんとなくいい人」だと感じた相手との付き合いには、「やっぱりいい人だな」と思う局面が多々あるはずです。

つまり、人に備わっている直感とは、自分の身を守るために発達し、多くの場合、その判断は正しい方向へ、マネタイズできる道筋へあなたを導いてくれるのです。

チャンスをものにできる人とできない人の決定的な違い

そして、自分に自信を持っていて、ポジティブに「なんでもトライしてみよう」と思う人は判断を迷いません。慎重派の人たちからすると、危なっかしい人、思い切りのいい人に見えますが、彼らは直感に正直に行動しているのです。

一方、「どうしようかな……」。いい話のような気がするのだけど、今回はやめておこうかな……」「たしかに、直感的には響くものがあったけど、でも100%うまくいくとはいえないし……」などと悩んでいると、せっかくあなたの脳が直感的に見つけてくれたチャンスの芽を逃すことになります。

「いい！」と感じ取ったものを、意識的、論理的に考え、後ろ向きに捉えられる材料を集めて否定してしまう。この思考パターンが習慣化されていくと、どんなに好きなことを磨いていっても趣味レベルから出ることができず、結果的にマネタイズのチャンスも逃してしまいます。

むしろ、「悩んだ末の決断は後悔するから、迷ったときは直感を信じる」という習慣を持っている人は、チャンスに強いタイプだといえます。

『第1感「最初の2秒」の「なんとなく」が正しい』〈マルコム・グラッドウェル（著）、沢田博、阿部尚美（翻訳）・光文社〉などの著書があるジャーナリストのマルコム・グラッドウェルも「とっさの判断と第一印象だけでも、人は状況を的確に理解できるのだ。瞬時に下した判断も、慎重に時間をかけて下した結論と比べて、けっして見劣りしない」と述べています。

実際、自分に向いた職業を選ぶことができた人、やりたいことを仕事にしている人は、そうではない境遇の人に比べて20％多く職業選択の際、直感に頼っていたというデータがあります。

また、ニュージーランドのオタゴ大学の研究でも、特殊な知識や分析的な能力が必要な物事以外は直感に頼るほうが正解に達することがわかっています。

この研究では被験者にバスケットボールの試合の結果予想を行わせました。

一方は自分が選んだチームの勝因を含めて、論理的に勝つチームを予測してもらいます。もう一方は、チームカラーが気に入った、チーム名がいい、なんとなくなど、パッと見て、「こっち！」と選んでもらいます。

すると、前者の理由をしっかり考えた側の的中率は65％にとどまり、パッと決めた後者の勝率は70％を超えたのです。

どの業界でも、物事の判断を下す時、「なぜ、その判断を下すのか」という部分を説明する必要があり、大量のデータや根拠を集めて説明することを求められます。

しかし、直感によって瞬時に下した判断は、慎重に時間をかけて下した結論と比べて、決して見劣りはしません。**むしろ、理由がわからないまま、「いい！」と感じた事実を尊重し、そのほうがうまくいくことが多いという事実を受け入れるべきです。**

あれこれ考えると行動が止まってしまいます。あなたの好きなこと、得意なことをチャンスに変えていく決断をするときは、直感を信じましょう。石橋を叩いているとチャンスは過ぎ去り、今までと近い場所にしかたどり着くことができません。

「直感」が磨かれる四つのゲーム

直感は生まれつき、誰もが持っている能力ですが、社会人として常識的な判断を求められる環境に長くいればいるほど、その力は錆びついていきます。

では、直感を磨くにはどうすればいいのでしょうか。じつは私たちの身の回りにあるゲームが、直感に磨きをかける良いトレーニングとなります。

イスラエルにあるヘブライ大学とピングリオン大学の研究チームの実験によると、朝、夜に1、2時間ゲームなどの遊びに取り組み、それを10日間続けると、直感力が磨かれていくことが認知心理学的に証明されています。

しかも、この研究チームは10日間のトレーニングによって1回アップした直感力は4カ月低下しないとも指摘しています。

ただし、ここでいうゲームはスマホや家庭用ゲーム機のゲームではなく、昔ながらのボードゲームやカードゲームが対象です。対戦相手がいて、どちらに進むか、どちらを選ぶかの選択があり、時間的制約がある。そんな条件の揃ったゲームならば、種類は問いません。直感的に判断し、決断することを繰り返すことで、錆びついていた直感が磨かれていくのです。

その他、ヘブライ大学とベングリオン大学の研究チームは、四つの手法を提案しています。

その一つが**「宇宙人遭遇ゲーム」**。これは英語や日本語など、私たちの言語が通じない宇宙人が現れたとき、どうやってお題を伝えるかというゲームです。バラエティ番組でよく行われている、ジェスチャーゲームと変わりません。

私が宇宙人役で、あなたが伝えるべきお題を与えられた地球人だとすると、非言語のコミュニケーションで伝えていきます。当然、あなたはどうすると伝わるかを直感的に判断し、アクションを起こしていくことでしょう。

その過程で直感が磨かれるというわけです。

二つ目は**「ありえない出来事ゲーム」**です。

例えば、明日の朝、あなたの体が3倍の大きさになったとして、そのメリット、デメリットを考えてくださいというもの。背が高いと説得力が増すので、仕事面でメリットがあるけれど、これまでのベッドでは体が収まらないので買い換えなければいけない……など、ありえないシチュエーションをお題にして、発想を膨らませていきます。

三つ目は**「タイトルリストゲーム」**です。

これは紙とペンを用意して、目を閉じ、適当に絵を描きます。いい感じでわけのわからない絵が描けたら、それにタイトルをつけていくというゲームです。パッと見て思いついた言葉を書き出すことが、直感を鍛えてくれます。

四つ目は**「代用品発見ゲーム」**です。

これは今まで使ってきた身の回りのアイテムを手に、その違う使い方を次々に考えていくというもの。例えば、パスタを食べるために使っているフォークについて、「絵筆代わりに使える」「曲げることでパフォーマンスに使える」「端を指で弾いてくるくる回し、指し示した方向に向かうことで運試しのナビ代わりに使える」「ツボ押しに使える」など、パッと思いついたアイデアを次々とあげていきましょう。論理的に考えず、くだらない使用法であればあるほど、直感を磨くトレーニングになります。

スティーブ・ジョブズやビル・ゲイツも自分の直感を大事にしていたといいます。すぐれたアイデアを思いついたとき、直感を信じてすぐに行動に移せるかどうかは成功を左右します。マネタイズのチャンスを逃さないためにも、五つ目のポイントとなる「直感」を磨いていきましょう。

「好き」を「お金」に変えるために

■チャンスと思ったら、直感を信じて一歩を踏み出そう

■理由がなくても「いい」と感じた事実を尊重する

第4章

「好き」を「お金」に変える

スキルを磨く再投資七つのルール

「無限ループ」は、螺旋階段のように回りながら上がっていくイメージ

改めて、「無限ループ」のための四つのステップをおさらいしましょう。

STEP０：自分が「本当に好きなこと」を見つける
STEP１：「好きなこと」を極めていく
STEP２：「好きなこと」を収入に結びつけていくための工夫をする
STEP３：「好きなこと」で得たお金を再投資する

このうち、第３章で「STEP２：『好きなこと』を収入に結びつけていくための工夫をする」について、五つのポイントから解説

してきました。

好きなこと、得意なことをいかにマネタイズするか。あなたらしいお金の稼ぎ方について、そのヒントが見えてきたはずです。

この第4章では、ついに「STEP3：『好きなこと』で得たお金を再投資する」に入っていきます。

これはいわば、次なる稼ぎにつながるお金の使い方。いよいよ「無限ループ」を回せるようになるための四つのステップの最終段階に到達しました。


ただし、「無限ループ」を回していくうえで、一つ頭に思い描いておいて欲しいことがあります。それは「無限ループ」が同じ場所をくるくると回る、平面の円ではなく、螺旋（らせん）階段のように回りながら上にあがっていくイメージです。

できれば、円の大きさは上に行けば行くほど、大きくなっていくと想像してください。いわば、ひっくり返した円錐のような螺旋階段です。実際に作るのは大変ですが、イメージの中でのことですから気にしないでください。

重要なことは、好きなこと、得意なことで稼いだお金を使って、あなたはさらに好きなこと、得意なことへの知識、技術を磨き、貢献できることを増やし、弱いつながりの中での存在感を高め、いずれは仲間を集め、さらに稼げるようになっていくよう心がけることです。

副業的に月何万円か好きなことで稼げるようになったという状態は、同じ場所をぐるぐる回る平面の円に過ぎません。それで満足であればかまいませんが、私が思い描き、あなたにオススメしたいと願っている「無限ループ」は好きなこと、得意なことを軸とした新たな生き方の提案です。

それを実現するには、稼いだお金をあなたのために使う再投資が欠かせません。第4章では、好きなことで得たお金の再投資の仕方を次の七つのルールにまとめ、お伝えします。

1・物より経験を買う
2・価格＜価値のあるものに使う
3・本に使う
4・自分より他人に使う
5・任せるチームを作るために使う
6・手間を減らし、時間を買うために使う
7・力が最大化する組み合わせに使う

好きなことで稼ぎ出したお金をうまく使うことで、さらなる稼ぎにつなげていきましょう。ではさっそく、七つのルールのうち「物より経験を買うために使う」から解説していきます。

Rule

1

「好きなこと」「得意なこと」を徹底的に磨く

物より
経験を買う

「無限ループ」を実現していくうえで一番のタブーは、「好きなこと」「得意なこと」とは関係ないところにお金を使ってしまうことです。

例えば、好きなことを活かした新しいビジネスを始めて10万円の収入を得たとしましょう。臨時収入に喜び、その10万円で好きなこと、得意なこととは関係なく、欲しかった時計を買ってしまったとしたら、それは単なるご褒美消費になってしまいます。

もちろん、時にはご褒美も必要でしょう。しかし、無限ループはまだスタートし始めたばかり。今のあなたにとって一番大事なのは、好きなこと、得意なことをマネタイズして、稼げるような環境を作っていくことです。

まずは物を買うよりも、好きなこと、得意なことを伸ばし、磨いていくことのできる経験にお金を使っていきましょう。

仮に先ほど、ご褒美消費の例に出した「時計」があなたの好きなこと、得意なことだとしたら、こうなります。

時計そのものを買うこと以上に、すでに時計のビジネスで成功している人に会うためや本場の中古マーケットを見に欧米へ足を運ぶことにお金を使うほうが、知識や経験を増やす投資となります。

これが一つ目のルールである、「物より経験を買う」ために使うの基本的な考え方です。

気がつけば「承認欲求」を満たすことが人生の目的に？

ところが、人には「物より経験を買う」ために使うというルールを邪魔する本能が備わっています。**それは、他人から認められたいという承認欲求です。**

この承認欲求がやっかいなところは、物を買うというお金の使い方で一時的に満たすことができてしまう点。この仕組みが、時として「無限ループ」を途切れさせてしまいます。

「あの人はすごい」「あの人は成功者だ」

そんなふうに周りから思われることで、自分の存在価値を認めてもらいたい。こうした承認欲求は、多かれ少なかれ誰でも持っているものです。

そして、自分のすごさ、成功を周りに示すために手っ取り早い方法が、お金を使って何かを見せびらかすことです。

高級車を乗り回し、高級時計を付け、高い靴を履き、流行のファッションに身を包む。そんなふうに装いを変えるだけで、「自分はこんな高級車を手に入れられるぐらいに、高い収入を得ているのだ。社会的な成功を収めているのだ」ということを、わかりやすい形で周囲に示すことができます。

しかし、そうやって買った物に対して、本人はあまり執着しません。高いから価値があると思っているだけで、その高級車が好きだから欲しかったわけではないからです。

目的はあくまで承認欲求を満たすこと。このサイクルに入ってしまうと、人は「好きなこと」「得意なこと」に再投資するよりも、「承認欲求を満たせそうなこと」にお金を使うことを優先します。

さらにいえば、承認欲求を満たすことが人生の目的になってしまって「好きなこと」の追求をやめてしまう人もいます。これでは無限ループを回すことはできません。

ですから、もし、あなたが何か高い商品を買うときには「もしかしたら自分は承認欲求を満たしたいだけなのではないか」ということを、よくよく自分の胸のうちに問

うてみることが大切です。

もちろん高価な買い物をすること自体が、間違っているわけではありません。それが「好きなこと」「得意なこと」に磨きをかけ、払った以上のリターンが得られる買い物であるのなら、むしろ進んでするべきです。

無限ループを回せるのは、好きなことだけ

ビジネスの世界を見ていても、「きっとこの人は承認欲求が強いのだろう」という人が時々います。ベンチャー企業を立ち上げた創業社長で、ビジネスがようやく軌道に乗り、もう一段上の成長期に入るかどうか。そんな段階で金融機関からお金を借り、都心の一等地に立派なオフィスを構える経営者がいます。

もし、聞けるなら「あなたがやりたかったビジネスと、おしゃれなオフィスを一等地に構えることはつながっていますか？」と質問してみたいと思います。商品やサービスを通じてマーケットの中で必要とされる存在になることが、本来経営者が目指すべきことであるはずです。

会社は、商品やサービスの価値を高めることによって顧客から求められる存在となり、売上が増えていきます。そうやって儲けたお金を、また商品やサービスの価値を高めることに投資します。

すると、さらに会社が評価され売上も増えていきます。そしてまた、その儲けたお金を……といったことができるようになったとき、会社の無限ループが正のスパイラルになって回り始めるわけです。

ところが、その手前の段階で「自分が社会的な成功を手に入れたことを早くみんなに見せたい」と、経営者が自らの承認欲求を高めることにお金を使うことは、無限ループを回すことには何のプラスにもなりません。

しかも、承認欲求がやっかいなのは、どんなにお金を投じても、けっして完全に満たされることはない点です。 一時的に充足感を覚えることができても、高級車の上には超高級車があり、高級腕時計の上には超高級腕時計があり、立派なオフィスの上には、やはり上がいます。またオフィスが一等地にあるからといって、みんなが自分のことを尊敬してくれるかというと、それほどでもありません。

それでも承認欲求を満たそうとすれば、さらに立派なオフィスを構える、派手な言動をしてメディアへの露出を増やす、というように、行動をどんどんエスカレートさせていくしかなくなります。

お金は、「好きなこと」「得意なこと」に投じなくてはいけません。「好きなこと」「得意なこと」に「お金」を使うことによってのみ、無限ループが回り始めます。

ところが承認欲求の罠に取り憑かれると「好きなこと」とは別の物に際限なくお金を投じるようになります。そんなことをしていたら、どんなに稼いだとしても穴の空いたバケツと同じで、入る先からお金が流れて出て行ってしまいます。

だから承認欲求を満たしてくれる物にお金を使うのは、やめましょう。それは果たせぬ夢を追い続けるようなものです。

「物」よりも「経験」への再投資が人を幸福にする

また、幸せを感じるという意味でも物より経験を買うことをオススメします。**とい**

うのも、最新の心理学の研究では物を買うよりも同じ費用を使って経験を積んだほうが、人は幸福を感じることがわかっているからです。

心理学者のリーフ・ヴァン・ボーヴェンとトーマス・ギロヴィッチの「To Do or to Have」という論文では、何かを行ったときと物を所有したときの気分の高揚度の度合いをチェックする実験が紹介されています。

お金を払って買った物とお金を払ってした体験。それぞれを書き出し、どちらが気分を高揚させたかポイントを付けていきます。

すると、体験のほうが強く印象に残り、気分を高揚させたという結果になったのです。

すべての体験が心地よいものであるわけはありませんが、それでもリゾートからの帰りに飛行機が欠航し、帰れなくなったといったアクシデントは時間が経てば消え去り、良い思い出だけが残ります。

一緒に空港で時間を潰したのが友達なら、再会する度に話せる共通の話題となり、未来の配偶者なら家族の歴史の一部になります。もっと身近なところでいえば、修学旅行の夜のいたずらや学生時代のちょっとした冒険も同じです。

ところが、買った物はその瞬間こそ、気分を高揚させてくれますが、手元に置く間にどんどん価値を減らしていきます。体験は嫌な出来事でも笑い話に変わり、良い思い出は美化されて深く記憶に刻まれます。

このように長期的な目線でも、短期的な目線でも、幸福度の高さは体験が勝るのです。人は経験がつかの間の幸福しか与えてくれないと考えがちですが、実際はより多くの幸せと長続きする価値をもたらしてくれます。

また人は、幸福感に慣れやすく、例えば、今住んでいる家よりも大きな家を買って幸福を感じたとしても、引っ越した先が高級住宅街で周りの人が自分よりも金持ちなら、もっとお金が欲しいと思うようになります。

これはヘドニック・トレッドミル現象（幸せに慣れて、欲望が増すこと）と呼ばれ、承認欲求と同じく回避したり、弱めるのが難しい欲求です。

お金は使えばなくなるが、スキルは使えば使うほど鍛えられる

私は知識や経験、スキルは、人間にとって最大の財産であると思っています。

お金は使えばなくなりますが、知識や経験、スキルは、使えば使うほど鍛えられていきます。

またお金は、誰かに騙されて奪われることもありますが、知識や経験、スキルは、自分の頭の中にあるので、誰も奪うことができません。もしお金を失うことがあったとしても、持っている知識や経験、スキルを使って、またお金を生み出していけばいいだけのことです。

椎名林檎さんは『ありあまる富』（作詞・作曲：椎名林檎）という曲の中で

僕らが手にしている富は見えないよ　彼らは奪えないし壊すこともない

と歌っています。

私は、他者が奪えないし、壊すこともできない「ありあまる富」とは知識や経験、スキルだと思っています。

そして、知識や経験、スキルを伸ばすのは物ではなく、体験なのです。

「好き」を「お金」に変えるために

- ■「物」よりも、好きなことを伸ばせる「経験」にお金を使う
- ■高級車や高価な宝飾品にムダなお金を投じない
- ■知識やスキルなど、誰からも奪われない財産を築く

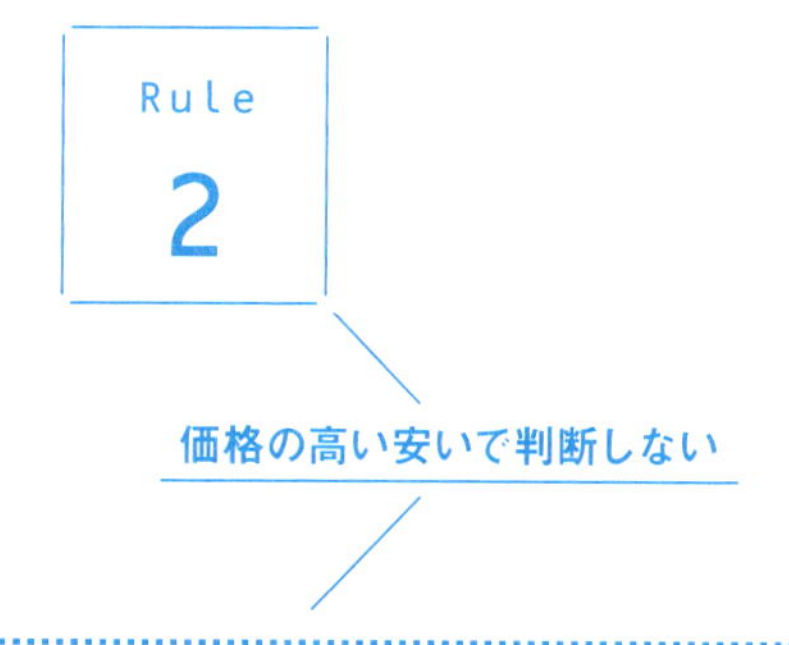

価格く
価値のあるもの
に使う

二つ目のルールはこれを買ってこれ以上のお金が戻ってくるか。「価格＜価値のあるものに使う」です。

ウォーレン・バフェットの名言に「価格とは、何かを買うときに支払うもの。価値とは、何かを買うときに手に入れるもの」〈『［新版］バフェットの投資原則——世界No.1投資家は何を考え、いかに行動してきたか』ジャネット・ロウ（著）、平野誠一（翻訳）・ダイヤモンド社〉という言葉があります。お金を賢く扱うには、価格ばかりに目を配るのではなく、それが自分にもたらす価値について考える必要があるということです。

高ければ高級ではなく、高いだけの価値をあなたが得られるかどうかを考える。安いからお買い得ではなく、手に入れるだけの価値があるかどうかを考える。

再投資という意味で言えば、10万円の投資で10万円以上の価値を得られれば、そのお金の使い方はムダではありません。一方、10万円を惜しく感じてしまい、投じるべきときに使わなければどうでしょう。たしかに、手元にある10万円は減りませんが、あなたにとってそれ以上の価値を生み出してくれません。

つまり、可能性に対してはきちんとお金を使うことが大切で、価値につながらない物や体験には、一銭も投じないほうがいいということです。

これは「投資したお金以上の利益を、手に入れるという意識を持つ」ということであり、「好きなこと」「得意なこと」を仕事や収入に結びつけていくうえで、絶対に外せない大原則です。

「好きなこと」に500万円のお金を投資したのに対して、得られたお金は50万円というのでは、いくら少しは収入があったとしても、「好きなこと」でマネタイズに成功したとはいえません。

あくまで目的は好きなことでお金を生み出し続ける無限ループを作ることです。その場しのぎで楽しむだけでは意味がありません。

企業の経営も同じです。投資した研究開発費や設備投資費、宣伝費よりも、回収できた売上のほうが少なければ、継続的に経営を続けていくことは困難になります。無限ループを回せなくなってしまうわけです。

ですから、あなたがまず持つべきなのは、「お金を使ったら、それ以上のリターンを得る」という意識です。そして、どうしたらリターンを得られるかをいつも考えるようにしておきます。

この習慣は「好きなこと」「得意なこと」にお金を使うとき以外にも役立ちます。

生活に必要な服を買うとき、体験を得るための旅行に行く費用を出すときも、「この使ったお金を、少しでも回収できないだろうか」と考える癖をつけておきましょう。自然とムダ遣いが減っていきます。

それを手に入れたら、どんなリターンが得られる？

加えて、「回収できないようなものには、お金は使わない」という意識を持つことも大切です。

例えば、私が腕時計を買うとしましょう。腕時計は私の「好きなこと」である本や知識とは関係ありませんから、本来は安いもので十分です。といいますか、今はスマホで時間をチェックすればいいわけですから、いらないぐらいです。

ただし世の中には、身に着けている腕時計のランクによって、その人の実績や能力を測ろうとする人もいます。

その手のタイプの人は、いかにも安物の腕時計をつけているコンサルタントと、「たしかあのブランドは、最低100万円はする」という腕時計をつけているコンサルタントが現れたとき、こう考えます。

安物の腕時計のコンサルタントについては、「うちの会社の経営を、この人のアドバイスで判断して大丈夫か？」と不安に感じ、「高そうな腕時計をつけているコンサルタントのほうが稼いでいるように見えるし、稼いでいるということは能力もあるということだろうから、あの人に頼もう」と。

その価値観に付き合う必要はありませんが、もし100万円の腕時計を購入したことで、コンサルティングの案件が数件入ってきたとしたら、大きな利益を上げることができます。

ですから、こういう場合には100万円の腕時計を買ったとしても、まったくムダ遣いではありません。ただしいくら高級品だとしても「あの人は成金趣味だね」と思われるようなものを買ってしまったら、リターンを得ることにはつながりませんから、ムダ遣いになってしまいます。

実際、私自身は腕時計があろうがなかろうがコンサルティングの仕事が入ってくるので、そんなところにはお金を使っていません。

ただし、もし買うのなら「これを手に入れることによって、どんなリターンが、どのくらい得られるだろうか」ということをしっかりと考えます。

リターンが得られるのなら購入し、得られないなら見送ります。そして、買ってしまった以上は、絶対に使ったお金以上の価値を得るために、その方法を懸命に考えるようにしています。

お金を使ったら、リターンを得る方法を考え抜く

これは、趣味で旅行をするときも同じです。旅行は休暇をとって出かけるのですから、普通はその間、稼げません。だからみんなお金を一生懸命貯めたうえで、そのお金で旅行をしようとします。旅行中、お金は出ていくだけです。

しかし、そんなときでも「何とか価値を得ることはできないだろうか」と考えるのです。

先日、私も旅行をしたいと思って、インターネットで情報収集をしていたときに、おもしろい人を見つけました。

その方は脱サラをして、世界中をずっと旅行し続けています。「そんなに長い間旅

行ができるぐらいに、お金を貯めたのか」と思われるでしょうが、そうではありません。その方は旅行中もブログをネットにあげていて、その広告収入で旅をしているのです。旅先で使うお金は、ネットで得た収入を下回るようにしています。だから大好きな旅を永遠に続けることができているのです。まさに「お金↓好きなこと↓仕事↓お金」が無限ループで回っているわけです。

また「旅行先で知り合いを10人作る」といった目標を設定するのもいいでしょう。これは将来的には、その場ですぐにお金を得られる以上の大きなリターンが期待できます。毎回の旅行で知り合いを10人作ることを目標にして、それを10回やれば、世界中に100人のネットワークができます。

将来、そのネットワークは必ずあなたにとって大きな価値を持ちます。しかも今はFacebookなどがありますから、そうした知り合いレベルの弱いつながりを維持し続けるのも、それほど難しいことではありません。

一方、「お金を使ったら、必ずリターンを得る」という意識とともにもう一つ、「お金を使ったら、それを必ず仕事に結びつける」という意識を持つことも大事です。

例えば飲み会で初めて出会った人が何人かいたら、その新たにできたつながりを活用して、新しいビジネスができないかと考えてみます。また旅行をしているときや買い物をしているときも、そこで出会った人や感じたことをヒントに、何か企画を立てられないだろうかと考えてみる。

たとえ遊んでいたとしても、常に半分は「遊び」、半分は「仕事」の意識を持っておくのです。これによって、いろいろな物事を「仕事」に結びつけて考えられる力が身についていきます。

「好き」を「お金」に変えるために

■投資したお金以上の利益を、手に入れるという意識を持つ

■回収できないようなものには、お金は使わない

Rule
3

最もリスクが低く、確実なリターンを得られる再投資

本に使う

三つ目のルールは「本に使う」です。

これは完全に私の「好きなこと」に関する話だと思われるかもしれません。その推測は当たっていますが、**別の言葉に言い換えるなら、「お金は、自分なりの価値の物差しを持って使う」**というルールになります。

例えば、ある文学研究者が古書店で、ずっと探していたのだけれど、なかなか手に入らなかった古典的名著が10万円で売られているのを見つけたとします。

「おお、こんなに貴重な本が10万円で買えるのか。掘り出し物だ！」

と、その人は興奮しながら、さっそくその本を購入しました。

しかし文学には何の興味もない人が、古書店のほこりをかぶった本棚の中でその本を見つけたとしても、10万円という価格が高いのか低いのか、まったく見当がつかないことでしょう。

文学研究者が、その本を目にしたときに「これはお得だ！」と瞬時に判断できたのは、その人の中で「自分なりの価値の物差し」が明確にあるからです。

「自分なりの価値の物差し」があるから、「この本は自分にとって20万円だと購入するほどの価値はないが、10万円なら掘り出し物だ」と判断できたのです。

この「価値の物差し」は、人によってそれぞれ異なります。

古書店で、10万円で売られていたその本も、別の文学研究者が目にしたときには、「この本は、10万円で購入するほどの価値はないな。5万円なら買うが……」と判断するかもしれません。その人の「価値の物差し」から見たときには、その本の価値は5万円なのです。

ところが多くの人は、「自分なりの価値の物差し」が明確ではありません。そのため店頭で示されている価格に翻弄（ほんろう）されることになります。

例えば、50万円のブランド品のバッグを買うかどうかを決めるときも、自分の中の価値基準が明確でない人は「50万円だから、きっと価値のあるものだろう」と考え、世の中で示されている価格の設定に従ってしまうわけです。

しかし、本来は二つ目のルールで解説したように、「自分にとってそのバッグは、50万円で買う価値かあるかどうか」で判断するべきです。

自分にとって50万円以上の価値があるものを50万円で買えれば価値ある買い物にな

り、そうでなければムダ遣いになります。

だからこそ、「自分なりの価値の物差し」を明確に持っておくことが大切なのです。

「自分なりの物差し」を持てば、物の価格に惑わされなくなる

この「自分なりの価値の物差し」を鍛えるためには、お店で値札を見る前に、「自分だったらこれをいくらで買うか」を、いつも考えるようにすることです。

「3万円だったら買いたいな」と思ったとしたら、それが自分にとってのその商品の価値です。そのうえで値札を見てみて3万円未満であれば検討し、超えていれば買わなければいいだけのこと。

アンティークの好きなある女性が、リサーチを兼ねてお店めぐりをしているときに、気に入ったランプを見つけました。

「このランプ、5万円だったら買ってもいいな」と、彼女は思いました。

ただし、そのお店は超高級店だったので、値札を先に見て「これでは、やはり買えないな」とがっかりしたくなかった。

そこで彼女は値札を見ずに、いきなり店員さんに、「このランプ、5万円で買えませんか？」と、訊ねたのだそうです。するとと、8万円の値札のついたランプを大幅に値引きしてくれて、5万円で購入できることになりました。

こんなふうに、お店がその商品についてどんな価格設定をしていたとしても、自分の価値観に沿って値付けをしてみるという訓練をすることが「自分なりの価値の物差し」を獲得することにつながります。

この本で何度も紹介していますが、史上最強の株式投資家と呼ばれるウォーレン・バフェットも、「自分の価値の物差し」を判断軸に株式投資を行っている人です。

バフェットは株式購入にあたって1冊の分厚い本が書けるぐらいに、その会社について徹底的にリサーチするといいます。そのうえで「この会社の場合、本来の企業価値はいくら」と判断します。

そして自分で判断したその会社の企業価値が、今の市場の株価よりも安ければ買うし、高ければ買わないわけです。そして一度購入したら長期保有します。

株価は、様々な要因によって上がり下がりを繰り返しますが、長期的にはその会社の本来の価値に株価も近づいていきます。ですから株式投資では、その会社の本来の価値を正しく見極められた人が成功します。そして彼は、その見極めの正しさによって莫大な財を成したのです。

バフェットは、19歳のときにベンジャミン・グレアムの古典『賢明なる投資家』を手にし、「1ドルのものを40セントで買う」哲学を学んだといいます。

これは、「1ドルの企業価値を持った企業を見つけたうえで、それを40セントの価格のときに買いなさい」という意味です。もしそんな企業の株を買うことができたら、確実に利益を手に入れることができます。

ただしそのためには「この企業は、1ドルの価値を持っている」ということを、自分で判断できなくてはいけません。多くの人はその判断ができないために、株価がちょっと上がり始めたら買い、下がり始めたら売るというように目先のことに右往左往してしまうのです。

お金で成功しようと思ったら、「自分なりの価値の物差し」を獲得しておかないといけません。

2000円の投資が2000万円以上の儲けを生み出した！

そして、私にとっては「本に使う」というルールこそ、「自分なりの価値の物差し」で測った最良の再投資の方法です。

大型書店、ネット書店には古今東西、あらゆるジャンルの本が溢れています。

一つ目のルールで「物より経験を買うために使う」ことをオススメしましたが、本は学びという経験を買うために最も適した形をした商品です。

しかも、費用対効果がすばらしい。例えば、私は学生時代に『影響力の武器』〈ロバート・B・チャルディーニ（著）、社会行動研究会（翻訳）・誠信書房〉という本を買いました。現在は第三版が販売されていますが、定価は3000円ほど。私は当時、2000円程度で手に入れた記憶があります。

私があの本から学び取り、実践してきたことを通してどれだけの価値を得たのか想像もつきません。金銭に変換するなら、少なくとも1万倍以上儲けているはずです。

本はそこに書かれた内容と付けられた価格の差があまりに大きすぎます。

もし、あなたが「好きなこと」「得意なこと」を磨こうと真剣に本を選び、熟読し、実践していけば、私が『影響力の武器』から得た価値を手にすることができるはずです。

本から得た知識。それを実践することで得た経験。それは誰にも奪えません。そして、あなたの中から消えることもありません。むしろ、読めば読むほど、使えば使うほど価値が高まり、いつまでもお金を稼ぎ出す手助けをしてくれます。

頭の中に入ったものと腹の中に入ったものは誰から奪われることがない。つまり、本にお金を使うことは、ノーリスク・ハイリターンの最高の投資なのです。

「好き」を「お金」に変えるために

■ お金は、自分なりの価値の物差しを持って使う

■ お店で値札を見る前に、「自分だったらこれをいくらで買うか」を、いつも考えよう

COLUMN

「お金」も「時間」も変換して考えれば、ムダ遣いが劇的に減る

これは私も日々実践していますが、日常的なムダ遣いを減らすには、「好きなもの」に変換して考えるという方法がオススメです。

例えば、街を歩いていて、疲れたな、タクシーに乗りたいな。乗ろうかなと思ったとき、東京ではワンメーターが730円。この730円を自分の「好きなもの」に置き換えて考えます。

私の場合は、「好きなもの=読書」ですから、本が変換する単位になっています。730円なら、岩波文庫が1冊買えるな、と。タクシーに乗ってワンメーターなら5分も乗れば着く距離です。

その分、岩波文庫を買って、歩いて帰れば、運動によって頭も冴えて、読書によって知識も増えます。

あなたの好きなことが、ゴルフやスキーといったワンメーター分で

は実現しない趣味だとしても、何回か我慢することで「ゴルフに1回行けるな」「スキーに行けるな」とカウントすることができます。

パッと財布を開けてしまいそうなとき、好きなものを思い出し、ワンクッション置くだけで、ムダ遣いは減っていきます。


これは時間に関しても同じです。ぼんやりムダに過ごしてしまいがちな30分程度の空き時間。こちらも「自分の好きなものに費やせる時間」に変換すると、ムダ遣いを抑える効果が得られます。

時にはボーッとすることも大切ですが、「30分あれば何ページ読み進められるな」と思うと、自然と本を開いてしまいます。

こんなふうに、ついムダ遣いしてしまいがちなお金や時間を「好きなもの」「好きなことに取り組む活動」に変換して考えていくと、あなたの日常からムダがどんどん減っていくはずです。

Rule

4

他人のためにお金を使うことが、あなたの成功を呼びこむ

自分より
他人に使う

四つ目のルールは、「自分より他人に使う」です。

人はお金が稼げるようになったとき、次に何を求めるかといえば、幸せになることです。**では、幸福度を上げるために最もいい方法は？　というと、心理学的には利他的な使い方がいいとされています。**

前述しましたが、脳をモニタリングしながら行われた実験によると、100ドルの入った口座から貧しい人たちに一部を寄付するケースでは、尾状核と側坐核が反応したそうです。

しかも、口座から税金という形で強制的に徴収された場合も、尾状核と側坐核は活性化します。そして、自発的に寄付した場合は、より活発な反応を示すのです。

この尾状核と側坐核は、報酬系と呼ばれ、喜びを感じたときに活性化する部位。それも本質的な喜びを感じ取ったとき以外は、反応しません。

ですから、人は他人のためにお金を使うことで、本質的な喜びを感じるといえるのです。幸福度が増すと、モチベーションが上がり、結果的に「好きなこと」「得意なこと」へ取り組む力が湧いてきます。

では、相手に何かを与えるときには、具体的には「誰に」「どんなもの」を与えればいいのでしょうか。

まず「誰に与えるのか」という問いに対する答えは、知り合いみんなにです。 他人のためにお金を使うことは、あなた自身に幸福感を与えるだけでなく、「返報性の法則」が働き、まわり回って周囲の人が「あなたにとっての与えてくれる人」になります。

つまり、他人のために使ったお金は投資となり、あなたの「好きなこと」「得意なこと」をマネタイズするチャンスを増やしてくれるのです。

「ギバー」「テイカー」「マッチャー」三つのタイプ

ペンシルベニア大学の組織心理学者アダム・グラントは、こうした関係性を『GIVE&TAKE』〈アダム・グラント（著）、楠木建（監訳）・三笠書房〉という本の中で、様々な実例をもとに紹介。**他人のためにお金を使える人、与える人を「ギバー」と定義して、社会的に最も成功すると指摘しています。**

グラントは、人には「ギバー」「テイカー」「マッチャー」の三つのタイプがいると分析します。

「ギバー」は、相手が何を求めているかに注意を払い、与えることに注力する人たち。逆に「テイカー」は、自分が利益を得ることを最優先に考えて行動します。そして「マッチャー」は、与えることと受けとることのバランスをとろうとします。

言い換えれば「ギバー」は与える人、「テイカー」は奪う人、「マッチャー」は交換する人となるでしょう。

グラントは三つのタイプのうち、仕事面、経済面で大きな成功を手に入れているのはギバーだと指摘します。自分の利益を得ることを最優先にしているテイカーよりも、結果的にはギバーのほうが、より大きな利益を得ているというのです。

なぜ、ギバーが成功するのか。テイカーは、周囲から「あの人は策略を巡らして、私たちを出し抜こうとしているのではないか」という疑念を持たれるため、周りからの協力を得ることができず成功が遠のきます。

一方、マッチャーの場合は、人のために使った分は返してもらうと考えるため、常に「本当にこの人は、使った分を返してくれるのだろうか」と計算し、行動が遅くなります。その結果、チャンスを逃し、常に後手に回ることになるわけです。

それに比べてギバーは、相手に与えることを最優先しますから、返報性の法則において常に先手を打つことができます。また、お金を使うときには、先方が求めているものをきちんと考えたうえで与えますから、相手から深く感謝されます。

その結果、仕事でもプライベートでも、いろいろな人の協力が得られるため社会的な成功を得やすくなるわけです。

グラントが『GIVE＆TAKE』の中で述べていることは、四つ目のルールの根底にある「他人のために使うと、それ以上の価値となって自分のところに返ってくる」という考えを後押ししてくれる内容になっています。

トップのギバーとボトムのギバーは、ここが違う！

ただし、注意点が一つあります。

グラントによれば、社会的成功の上位層を占めているのはギバーの人たちですが、一方で最下位層を占めているのもギバーだというのです。その中間に位置し、テイカーとマッチャーは、ギバーは「トップのギバー」と「ボトムのギバー」に二極化する傾向があるということ。つまり、与える人、他人のためにお金が使える人になれば、それだけで成功できるというわけではないのです。

では、トップのギバーとボトムのギバーの違いはどこにあるのでしょうか。

それは、ギバーとして人に何かを与えるときの「与え方の違い」にあります。

ボトムのギバーは、自分を犠牲にして他人の利益のために働きます。仮に100の利益が得られたとき、自分は10しか取らず、90を他人に与えます。そのため、より多くの利益をむさぼり取ろうとするテイカーの格好の餌食となってしまうのです。

一方、トップのギバーは、全体のパイを大きくすることに力を注ぎます。協力してくれる人たちとともに知恵を絞り、力を出し合うことによって、それまでは100しか得られていなかった利益を200、300へと拡大していく努力をします。

もし、1000の利益を上げることを実現できれば、自分は全体の10％しか取らなかったとしても、100の利益を得ることができます。そして、拡大した分の利益を協力してくれた人たちに配分することで、誰もが幸せになれます。

つまり、他人のためにお金を使いながら、「好きなこと」「得意なこと」によって稼げるパイを拡大し、配分を大きくしていくわけです。

また、こうしたトップのギバーは、自分が何か課題を抱えていて、他者に支援をお願いするときのお願いの仕方も上手です。

テイカーやマッチャーの場合は「他人に支援をお願いするのは、借りを作ること」と警戒しますが、トップのギバーはそうは考えません。

「君の力を借りたいのだが、一緒に何かできないかな？」と協力を仰ぎ、その課題にみんなで取り組むことによって、より大きな利益を上げる方法を考えようとします。

課題を抱えている状況を、みんなと一緒に何かができるチャンスと捉（とら）えるわけです。

だからより多くの人の協力を得ることができ、実際に成果を手に入れられる可能性も大きくなるのです。

「与えられる人」は相手の才能をも引き出す

ほかにもトップのギバーには、いくつかの特徴があります。

まずトップのギバーは「強いつながり」と「弱いつながり」の両方を大切にします。

家族や恋人、親友といった自分と「強いつながり」のある人たちは、自分が苦境に立たされたときなどに、精神面でも実利面でも支えてくれる存在になります。苦しいときに頼りになったり、うれしいときに心から喜びを分かち合えたりするのは「強いつながり」のある人たちです。

ただし、「強いつながり」のある人たちは、自分と同じような環境で生きています。そのため、新たなマネタイズのチャンスや「好きなこと」「得意なこと」を爆発的に伸ばすイノベーションに結びつくような、自分が知らない情報をもたらしてくれることは、あまり期待できません。

その点については「弱いつながり」の人たちとの関係のほうが大切になります。

トップのギバーは「弱いつながり」の人たちとも、関係を作り、維持していくのが上手です。初対面の人の名前や顔を、すぐに覚えるのが得意な人も多いといわれています。ここから学べることは、「好きなこと」を通じて他人に貢献することでマネタイズのチャンスを増やすためには、「強いつながり」のある人たちだけではなく、「弱いつながり」の人たちに対しても、相手が求めているものを広く与えていくことが大切であるということです。

加えて、トップのギバーは相手の中に可能性を見出し、引き出していくのも得意としています。基本的に優れた先生やコーチは、トップのギバーとなれる資質を備えていると見ていいでしょう。

若くして天才の名をほしいままにしているピアニストも、ピアノを始めたばかりのときから天才だったわけではありません。

ギバーの資質を備えた先生が、「この子はこういうところが優れている。きっとこの能力を磨けば光るはずだ」と、早くからその子の可能性を見つけ出し、期待をかけながら育てたがゆえに天才ピアニストになれたのです。

先生が子どもに対して「この子は才能がある」と期待すると、実際に子どももその気になって才能を開花させることを「ピグマリオン効果」といいます。ギバーの先生のもとでは、この効果が起きやすいのです。

ですから、ギバーの先生に巡り会えた人はとても幸せだといえます。

相手の中に可能性を見つけ出すのが得意なギバーは、ビジネスでも、まだ株式公開もしていないような成長途上の企業に投資しようとします。その企業に可能性を感じ、自分が支援をすることで花開かせたいと思うからです。

逆にテイカーの場合は、既に株式公開をしていて、株価が上昇中の企業に投資します。

サッカーや野球のチームでたとえると、ギバーが無名の選手を育てて一流選手にしようとするのに対して、テイカーはすでに一流になった選手を、お金を使って取ってこようとするようなイメージでしょうか。

株式公開前の無名企業を育てるのは大変ですが、上場までたどり着けたときには莫大な利益を手にすることができます。

誰でもできる！　簡単にギバーに変わる方法

トップのギバーは一人ひとりの可能性を信じ、より多くの人たちを巻き込みながら、最大限の成果をあげようとします。

チームの中で得をする人と損をする人を作らず、Ｗｉｎ－Ｗｉｎの状態を作ることを目指します。ギバーは、そのために労力を惜しむようなことはしません。

そのため、みんながギバーに協力します。またギバーの周りには、ギバーの人たちが集まってきます。

ですから、あなたが「好きなこと」「得意なこと」で社会的な成功を手に入れたいなら、まず自分がギバーになることを目指すことです。

そして、次に大切なのは、ほかのギバーの人たちと出会い、ギバー同士で一緒に仕事をしていくこと。テイカーとの間でWin-Winの関係を作ることは困難ですから、一緒に仕事をしようとしている人がどちらなのかを判断できるよう、相手の普段の行動や態度に注意を向ける必要があります。

テイカーが好むのは、富や権力、地位、あるいは自分の利益や勝利といったことです。一方、ギバーが好むのは、人に頼られることや人を助けること、社会やチームのために何かをするといったことです。

このように見てみるとギバーとテイカーでは、性格や志向がかなりはっきり分かれることがわかります。ここまで読み進めるうち、「うちの課長はギバーだな」とか「同期のあいつはテイカーだろうな」というように、具体的な人の顔が浮かんでいるのではないでしょうか。

はっきりと見抜くことができたなら、テイカーは遠ざけるようにして、なるべく一緒に仕事をしないことです。

では、自分がトップのギバーになるためには、どうすればいいのでしょうか。

ギバーになれるかどうかは、マインドではなく行動の問題です。**ギバーの人が行動**

しているように自分も行動すればいいのです。

例えば「強いつながりだけではなく、弱いつながりも大切にして、より多くの人に与える」「一人ひとりの可能性を信じ、能力を引き出そうとする」「より多くの人を巻き込みながら、最大限の成果をあげ、みんなで喜びを分かち合えるＷｉｎ－Ｗｉｎの状態を作ることを目指す」といったことを実践していきましょう。

そしてもちろん、お金を他人のために使うこともギバーとなるために欠かせません。あなたが与える人となれば、続く五つ目のルールを実践することもたやすくなります。

「好き」を「お金」に変えるために

■ **自分よりも、知り合いみんなのためにお金を使おう**

■ **ギバーの人の行動をマネして、自分がギバーになることを目指す**

10000
10000
SE421396S
日本銀行券
壱万円
日本銀行
福沢諭吉
SE421396S

NIPPON GINKO
10000
10000 YEN

Rule 5

一人でできる仕事の質、量、持続性は限られる

任せるチームを作るために使う

五つ目のルールは「任せるチームを作るために使う」です。

「好きなこと」や「得意なこと」を仕事にし、稼ぐ場合、大きく分けると二つの選択肢が考えられます。

一つは独立や起業です。例えば、趣味のランニングが高じて、3時間を切るサブスリーを達成し、その経験とランニング理論やアドバイスをブログなどで発信。それが好評で著書や講演、セミナーの講師といった仕事が舞い込むようになったとしましょう。

その時点で働いている会社を辞めて独立、起業を選択するというルートは、好きなこと、得意なことを仕事にしていくうえでよくある話です。

ランニングが、語学である人もいれば、骨董の人もいれば、カウンセリングの人もいれば、不動産投資の人もいるでしょう。人の役に立てるだけのスキルを身につけ、アピールし、実際に貢献することでマネタイズのチャンスが得られるのは、どんなジャンルの仕事でも変わりません。

もう一つのパターンは、会社に勤め続けながら「好きなこと」「得意なこと」を「仕事」に結びつけていくという選択肢です。

ランニングが得意な人の例でいえば、スポーツイベントを企画する会社やスポーツブランド、トレーニングジムといった会社に在籍していれば、「好きなこと」「得意なこと」と「仕事」を結びつけることが比較的容易になります。

また、「好きなこと」「得意なこと」に取り組むことで磨いてきた知識や情報、スキルやネットワークを活かせる仕事を、新規事業プランとして会社に提案するという方法もあるでしょう。

どちらのルートを歩むにしても、共通していることがあります。

それは「好きなこと」「得意なこと」を仕事にし、続けていくうえで絶対にチームが必要になってくることです。

特に独立や起業をする場合は、一緒に仕事をしてくれる仲間を新たに増やしていく必要があります。会社を経営していくうえでは、必ずあなたができないこと、嫌いなこと、不得意な作業が生じてきます。

そこで、あなたの嫌いなことや不得意をカバーしてくれる人が必要です。**そのときに大切なのは、自分とは異なる能力を持った仲間を選んでいくこと。**むしろ、あなたの苦手なことが好きで、不得意なことが得意である人が最適です。気が合う「類友」ではダメなのです。

自分とは違うタイプの人とチームを組むからこそ、道が開ける

私の友人には似たタイプの人が多く、本を読むのが大好きな親友もいます。彼と語り合うのは本当に楽しい時間です。でも、彼と一緒にビジネスをしようとも、仕事を手伝ってもらおうとも思いません。

私が経営する会社に集まっているメンバーは、自分と異なるタイプばかりです。私の会社は、いわゆる固定のオフィスもなく、コアタイムもなく、みんな好きな場所で好きな時間にそれぞれのやりたいことをやっていればいい、というちょっと変わったスタイルを取っています。

そして、報酬は一般的な企業よりもかなり高くなるよう設定しています。なぜなら、在籍しているメンバーは、みんな私ができないことができる人たちばかりだからです。

例えば、私はいろいろなところにこまめに顔を出して新たな関係を作り、仕事を取ってくるというのが苦手です。

ところが、対企業向けのコンサルティングや講演をマネージメントしてくれているスタッフは、苦もなく楽しみながら仕事を取り、好条件での契約を結んでくれます。そんなスタッフたちがいてくれるから、私のところには楽しい仕事がどんどん入ってきます。

逆に私は、彼らにはできないことができます。

つまり、それぞれのスタッフが、自分の能力を活かして、ほかの人ができないことをお互いにフォローしながらやっているので、チームとして、とてもうまく機能しているわけです。

こうしたチームを作るためには、前にも述べたように「自分はこれが好きだ。これができる」ということを周囲にしっかりとアピールすることが大事です。

すると自分の「好き」や「これをやりたい」に共感した人が集まってきます。その中から、自分にはない能力を持っている人を仲間として選んでいきましょう。

もちろん、報酬は高めで。そうすることで、自分の「好き」を「仕事」にしたときに、それを支えてくれる人たちが得られます。

そして、少数精鋭のチームを作ることが、あなたの「好きなこと」「得意なこと」を仕事にし、継続していくための土台となっていくのです。

「好き」を「お金」に変えるために

■「好きなこと」を仕事にし、続けていくためにチームを作る

■自分とは異なる能力を持った仲間を選ぼう

■報酬は高めに設定する

Rule

6

「好きなこと」を伸ばすには、時間コストについて敏感であるべき

手間を減らし、時間を買うために使う

六つ目のルールは、「手間を減らし、時間を買うために使う」です。

このルールの根底にあるのは、「時間を大切にする」という考え方です。

しかし、1日24時間で稼げる金額には差があっても、1日が24時間なのはすべての人に共通した条件です。

「好きなこと」「得意なこと」を追求していくためには、一定の時間が必要になります。


例えば、一緒に飲みに行くと、いつも愚痴話を聞かされる羽目になる友人がいるとします。1回あたりの飲み代は平均5000円で、いつも3時間程度飲んでいた場合、あなたが支払っているコストは5000円＋3時間です。

もし、その友人とお酒を飲む代わりに、3時間と5000円を「好きなこと」「得意なこと」に磨きをかけるために使ったとしたら、どれだけの効果が期待できることでしょう。

あなたは愚痴る友人と飲むことによって、飲み代以上に貴重な時間という資源をムダにしているのです。

仕事が忙しく、かつお金を稼いでいる人ほど時間を大事にするのは、彼らがその価値を自覚しているからです。もし、その時間を無為に過ごしてしまった場合、取り戻すことがいかに難しいか。時間に対するコスト意識が違います。

つまり、あなたが「好きなこと」「得意なこと」を軸にした無限ループを回そうと考えているなら、少なくとも時間がお金よりも尊いということを知っておかなければなりません。

そして、再投資の際は自分の使える時間のうち、20％を「好きなこと」「得意なこと」に投じるよう心がけていきましょう。

これは「80：20の法則」に基づいた考え方。仕事ができる上位20％の社員が、会社の利益の80％をもたらしているという法則ですが、個人が仕事に取り組むときも同じです。全体の業務のうちの上位20％の重要性の高い業務が、仕事全体の成果の80％をもたらします。

ですから、20％の自分の時間をしっかりと「好きなこと」「得意なこと」に再投資できれば、大きな成果が期待できるのです。

20%の自分の時間を確実に手に入れる方法

とはいえ、時間の20%を「本当に好きなこと」に投じることは、実際にやってみようとするとなかなか難しいことだと気づきます。

仮に睡眠時間が1日8時間だとすると、1日の活動時間は16時間です。16時間の20%は3時間12分。毎日、仕事をしながら、同時に「好きなこと」「得意なこと」を磨くために毎日3時間12分の時間を確保するのは容易なことではありません。

私たちの生活は仕事以外に、食事、部屋の掃除や洗濯などの雑事、家族や恋人、友人とのコミュニケーション、お酒を飲んだりどこかに遊びに行ったりといったレジャーなど、様々なことに時間をとられます。

それらに時間を侵食されると、全体の時間の20%を「本当に好きなこと」に当てるのが困難になります。

そこで必要になるのは、時間の20%を「好きなこと」「得意なこと」への再投資に投入できるよう、それ以外のことに費やす時間のムダ遣いを極力減らすことです。

そこで、まずあなたの1日の時間を大きく「しなくてもいいこと」「やらないといけないが、やりたくはないこと」「やりたいこと」の三つに分けていきましょう。もちろん、「好きなこと」「得意なこと」は「やりたいこと」に含まれます。

この三つのうち、真っ先に削るべきなのは、「しなくてもいいこと」です。改めてチェックしてみると、多くの人が「しなくてもいいこと」にかなりの時間を使っています。

例えば、楽しくもなければ得るものもないのに、付き合いで参加している飲み会などはその典型です。また、だらだらとスマホをいじったり、テレビを見たりして過ごすというのも「しなくてもいいこと」に当てはまります。

生活の中になんとなく紛れ込んでいるムダな習慣を削るだけで、多くの時間を「好きなこと」「得意なこと」への再投資に割り振ることができます。

そのためにも何か物事に取り組むときには、「これは本当にしなくてはいけないことだろうか。しなくてもいいのではないか？」と、自問自答をするようにしてくださ

い。そして、「しなくてもいいことだ」と判断したときには、お金を使ってでもばっさり切り捨てましょう。

そうやって「しなくてもいいこと」を削ることができたら、次は「やらないといけないが、やりたくないこと」を削りましょう。もちろん「やらないといけないこと」ですから、しないわけにはいきません。

だからこそ、「やらないといけないが、やりたくないこと」については、早く済ませてしまうことが大切です。

例えば、炊事、掃除、洗濯などがあなたにとっての「やらないといけないが、やりたくないこと」なら家事代行サービスを活用し、伝票の整理や請求書の発行などの事務作業が苦手ならどんどんアウトソーシングしてしまいましょう。

そのコストを惜しむ必要はありません。なぜなら「やらなくては」と思いながら先延ばしをしていると、心の中にずっともやもやした気持ちを抱えてしまうことになるからです。すると「やりたいこと」に自分の意識と時間を集中できなくなります。**どうすれば最短時間で終わらせることができるのか。知恵を絞って考えて徹底的に効率**

化を図っていきましょう。

最終的に目指すべきなのは、「やらなくてはいけないが、やりたくないこと」を「やらなくてもいいこと」にしていくことです。

こうして24時間のうち、「好きなこと」に20％の時間を使うことができているかどうかチェックし、どうすればその時間を増やすことができるかを分析して改善策を練っていきましょう。

「好き」を「お金」に変えるために

■時間がお金よりも尊いということを理解する

■自分の使える時間のうち、20％を「好きなこと」に使う

■「やらなくてはいけないが、やりたくないこと」を「やらなくてもいいこと」に変える

Rule
7

「好きなこと」を掛け算でより強力な武器にする

力が最大化する組み合わせに使う

七つ目のルールは「力が最大化する組み合わせに使う」です。

これは今ある、あなたの武器に掛け合わせることで、その力が倍増する第二の「好きなこと」「得意なこと」に再投資していくという手法です。

例えば、「英語が大好き」という人が、英語の勉強に集中的にお金を使い、知識やスキルを磨いて、英会話学校の先生になったとします。これはたしかに、「好きなこと」「得意なこと」を「仕事」に結びつけた一例で、ある意味、一番わかりやすいパターンです。

しかし、その段階で満足し、再投資を怠ると世界は広がっていきません。**というのも、たくさんの人が目指している分野、得意としている人の数が多いジャンルは、それだけ激しい競争にさらされます。**ライバルは増え続け、価格競争も起きます。つまり、自分が投資しただけのお金と時間を回収することが、そのぶん難しくなるわけです。

もちろん、その中で突き抜けた実績を残せば、高収入を得ることも不可能ではありません。それでもレッドオーシャン（競争の激しい既存市場のこと）の中に身を投げ出すことに変わりはないので、相当の覚悟が必要となります。

その点、ブルーオーシャン（未開拓の新規市場のこと）は競争相手が少なく、オススメです。ブルーオーシャンに漕ぎだすには、まだ誰もやっていないこと、まだ誰も気づいていないことを「仕事」にすることが近道となります。

いわば、自分で「仕事」を創り出すわけです。

そこで、「英語が大好き」に何を掛け合わせれば、まだ誰もやっていないことになるか考えてみましょう。正攻法でいえば、技術系の英語力に磨きをかければ、特定の専門ジャンルの翻訳家や通訳というキャリアを築くことができます。

あるいは、もう一つ比較的マイナーな言語を身につけることで、英語、日本語、マイナー言語のトリリンガルとなり、あえて狭いマーケットを囲い込み、存在感を際立たせるという戦略もありでしょう。

科学を基にした「メンタリスト」は世界にただ一人

能力開発の大家であるアール・ナイチンゲールも、人と同じことをしていたのでは成功しない、ということを述べています。

その点、私が名乗っている「メンタリスト」という職業も自分で創り出したものです。

正確に言えば、海外にも「メンタリスト」を名乗っている人はいます。

しかし、例えばアメリカのメンタリストの場合、話術とトリックを駆使して相手が持っているカードの番号を当てる、といったパフォーマンスをするのが主流です。ですから、彼らはメンタルマジシャンと呼ばれるジャンルに属しています。

一方、ヨーロッパのメンタリストは、スピリチュアル（心霊的）要素をかなり前面に押し出して活動している人がメインです。


私は自分がやりたいことと日本の土壌を考えたときに、そのどちらも選びたくはありませんでした。そこで、マジックでも霊能力でも超能力でもなく、心理学をはじめとした様々な科学の知見を基にしたパフォーマンスであることを、最初からはっきりと打ち出して活動を開始しました。

また今では、やはり心理学などの科学的知識を使って、それをビジネスなどの様々な場面に応用していくという活動を行っています。

こうしたスタンスでメンタリストとして活動しているのは、おそらく世界でも私だけです。

世の中にない仕事を創り出すことが無限ループを完成に近づかせる

すると何が起きるかというと、価格競争に巻き込まれることがなくなります。

例えばコンサルティングや講演の依頼があったときにも、私はかなり強気の条件を提示します。それでも多くの場合、こちらの条件を受け入れてもらうことができます。

なぜかといえば、それは私以外にほかにメンタリストがいないからです。私に頼むしかないわけです。最近は海外からのオファーも来るようになりました。

これがもし私と同じようなメンタリストが日本にいれば、先方から、

「メンタリストのAさんはこの金額で受けてくれるそうです。ＤａｉＧｏさんも、もう少し下げていただけませんか」

といった条件を示され価格競争に巻き込まれることになる可能性もあります。

ですから「好きなこと」を「仕事」に結びつけるときには、せっかくやるなら、まだ誰もやっていないことを「仕事」にすることを目指したほうがいいのです。

例えば、原子力発電の業界で有名なある日本人がいます。

彼はまだ30代ですが、多くの技術開発の案件が持ち込まれるなど、すでに業界内で確固たる地位を築いています。その理由は、彼がMBAと原子力研究の学位を併せ持っていることにあります。

技術的な話ができ、経営的な視点を持っている人材が非常に少なく、あり得ない二つの組み合わせを併せ持つ存在として高い評価を得ているのです。

ここで知っていただきたいのは、今世の中に存在している仕事だけが、仕事ではないということです。そして、それは二つの「好きなこと」「得意なこと」を組み合わせることで、確立することができます。

ここまで本書を読みながら、『好きなこと』『得意なこと』を『仕事』に結びつけろというが、自分の『好きなこと』『得意なこと』は趣味性が高いものなので、それを活かせる『仕事』は世の中に存在していないのではないか」という疑問をずっと抱いてこられた方がいると思います。

それは既存の仕事の中から、「好きなこと」「得意なこと」をそのまま職業にできる「仕事」を見つけようとしているからです。**しかし必ずしも、今あるものの中から見つける必要はありません。**

そもそも自分の「好きなこと」をすぐに収入にできそうな「仕事」が、そんなに都合よくあるわけがありません。むしろ、ないのが当たり前です。しかし、なければ自分で創ればいいのです。

そのほうが再投資したお金から、より大きな利益を得ることが可能になります。

あなたにしかできないことを見つけよう

私は、とことん没頭し、フロー状態に入ることのできる「好きなこと」「得意なこと」があるのなら、それを「仕事」に結びつけられないほうがおかしいと思っています。**というよりも何が何でも「仕事」に結びつけたくなるはずです。**

私でいえば、読書をして知識を得ている時間が一番楽しく、できることならば寝ている時間と、猫と遊んでいる時間とスポーツジムで身体を鍛えている時間以外は、すべての時間を知識の習得に使いたいぐらいです。

ところが、もし「仕事」が知識の習得や活用とまったく関係ないことだとしたら、私は大切な時間を仕事に奪われることになります。１日の間で仕事に費やす時間は、けっして少なくありません。これは耐えがたい苦痛です。

事実、テレビでのパフォーマンスの仕事に忙殺されていた頃は、そういう状態に陥っていました。

「もっと本を読む時間を確保したい。仕事も知識の習得や活用に関係あるものに移行していきたい」という思いが強くなりました。だから私はそれができる方法を必死に考えざるを得なくなりました。

そうして見つかった仕事の一つが、ニコニコ動画の番組です。もともとはドワンゴの大野さん（通称ジェバンニさん）という方が私にチャンネル開設の依頼をしてくれたのがきっかけでしたが、自分の好きな知識を仕事に活かそうという考えがなければ、今のようにニコニコチャンネルランキングトップ30入りすることもなかったでしょう。

好きなことが何かということがわかっているからこそ、偶然舞い込んできたチャンスを活かすことができるようになるわけです。

たぶんみなさんも「本当に好きなこと」が見つかれば、そのことに一秒でも長くかかわっていたいと思うはずです。すると普通に仕事をしていられなくなります。「何とか好きなことを、仕事に結びつけたい」と切実に思い、真剣にその方法を考えるでしょう。その結果、必ず道は開けてきます。そこは覚悟の問題です。

とはいえもちろん、精神論だけで「好きなこと」を収益化できる「仕事」を見つけ出したり、創り出せたりするわけではありません。

特にまだ世の中に存在していない仕事を自分で創り出していくときは、企業が新規事業に着手するときと同じで、「自分の強み」や「市場の状況」「競合の存在」を分析していく必要があります。

まず「好きなこと」に関する自分の今の能力を把握します。そしてその能力をどのように活用すれば、人の役に立てられるか、誰かの課題を解決することにつながるかを考えます。

また、すでに自分が考えていることと同じようなビジネスを立ち上げている競合が存在する場合は、競合とは違うアプローチ法で、なおかつ自分の能力を最大限に活かせる仕事のやり方はないかを考えます。

私の場合でいうと、自分が蓄積してきた心理学や行動経済学の知識を求めている人がどこかに必ずいるはずだと考えました。では、それはどの業界のどんな会社なのだろうかと考え、アプローチを開始しました。

さらに「うちの会社のコンサルティングをお願いしたいが、お金がなくて、その金額だとお支払いできない」という場合は、「成果報酬型でいいですよ」という形で、入り込んでいきました。

一方で私の知識を求めているのは、企業だけではなく個人の方の中にだっているはずです。そういう方にどういう形で知識を提供するのがベストだろうと考えたときに浮かんだのが、ニコニコ動画だったのです。

そういう意味では、自分の「好きなこと」を収益化できる「仕事」に結びつけていくためには、経営戦略やマーケティングに関する基本的な知識を身につけておくことも大切です。

こういった知識は別に企業が事業戦略を立てるときだけに必要になるものではなく、自分の生き方戦略を立てるときにも役立てることができるのです。

「好き」を「お金」に変えるために

■「好き」に何を掛け合わせれば、まだ誰もやっていない仕事になるかを考える

■「好きなこと」に関する自分の今の能力を把握しよう

■自分の能力をどのように活用すれば、人の役に立てられるかを考えよう

COLUMN

お金持ちになれるかどうかを、あっさり見抜ける質問

将来的にお金持ちになれるかどうか。10年先、20年先の成果を分けるのは、長期的な視点を持てるかどうかにかかっています。

例えば、あなたはこの質問にどう答えるでしょうか?

「レストランで、ジョーという男性がコーヒーを飲みながら考え事をしています。彼が考えていたのは、これから先のことについてです。では、彼は具体的に何を考えていたのでしょうか。思い浮かんだことを述べてください」

これは長期的視点に関する心理学の実験で被験者に投げかけられた質問です。

もし、あなたがパッと思い浮かんだ答えが、「今日のコーヒーを出してくれた店員さんはかわいかった」「この後の会議が憂鬱(ゆううつ)だ」「夜ご飯は何を食べようか」などだった場合、注意が必要です。

というのも、実験では収入の低い人ほど、この問いに対して「ジョーは、待ち合わせをしている知人がいつ来るかを考えていた」など、ごく近い先のことを答えているからです。

逆に収入の高い人たちは、５年後や10年後など、「ずっと先の将来のことについてジョーは考えていた」と答えています。

つまり、長期的視点を持っているかどうかが、将来的に高い収入を得られるかどうかに関係しているのです。

私は女性から「将来性のある男性かどうかを見抜くにはどうすればいいですか」と聞かれたときには、「この質問をしてみてください」と答えています。

大人になってから長期的視点を身につけるには、一つは「長期的な目標を明確に持っておく」ということが重要です。

例えば「2年後にアメリカに社会人留学をするという目標を達成するために、あと200万円が必要」という人は、けっしてムダ遣いはしません。

長期的な目標がある人ほど、目の前の衝動に負けずに済みます。あなたも「好きなこと」「得意なこと」の延長線上にある、長期的な目標を立てるところから始めてみてください。

改めて「お金」とは？「稼ぐこと」「使うこと」とは？

お金を使うことの喜びを知ろう

「勤勉と倹約。この二つの言葉の中に富を築くためのすべてが要約されている」

「一セントを節約するということは、一セントを稼ぐのと同じことである」

「一セントを使うということは、一セントの喜びを得ることである」

〈『ベンジャミン・フランクリン 富を築く100万ドルのアイデア』リン・G・ロビンズ（著）、フランクリン・エクセレンス インク（監修）、藤本隆一（訳）、産能大学出版部〉

これらの言葉は、100ドル札の肖像画になっているベンジャミン・フランクリンの言葉です。

アメリカ建国期の政治家で実業家でもあったフランクリンは、自身の成功を支えた考え方をまとめた一三の徳目の中で、

節約　他人または自分のためにならないことに金を使わないこと。すなわち、むだな金は使わないこと。

勤勉　時間をむだにしないこと。有益な仕事につねに従事すること。必要のない行為はすべて切りすてること。

〈『フランクリン自伝』渡邊利雄（訳）・中央公論新社〉

とも述べています。

こうしたフランクリンの考え方には、本書で追求してきたポイントが凝縮されています。

「好きなことに打ち込むこと」（勤勉）、「好きなこと、または他人のためにお金を使

うこと」(節約)。この二つに、あなたにとって必要十分なお金の量である「富」を築くためのすべてが要約されている、ということです。

これが実践できれば「無限ループ」が回転し、「お金」と「幸せ」のバランスが取れた状態が始まります。

そして、もう一つのポイントはベンジャミン・フランクリンも「お金は使うことによって初めてお金を持つ意味がある」という、お金を使うことの喜びを大事にしていたことです。

富を作る人は「お金を使わない」のではなく、節約することの必要性と、使うことにより何かを得る重要性をいつも考えながら生きています。つまり「選択と集中」を徹底しているのです。

「好きなこと」「得意なこと」に関してはお金を惜しみなく使い、再投資していく。すると、あなたの稼ぐ力はより強化され、必要十分な量のお金を継続して手に入れることができるようになります。

裏を返せば、あれもこれも我慢して、節約して、今ある稼ぎの中から小さなお金を貯めるだけでは、必要十分な富には至らないということです。

そして、無理に我慢と節約を続けようとすると、必ず心理学でいう「努力逆転の法則」が働き、ご褒美消費とムダ遣いが増えてしまいます。

この負のスパイラルを止めるには、「好きなこと」「得意なこと」に紐付いた欲しいものを決めてしまうことです。そうすれば、「欲しい」という衝動を感じても、本当に欲しいものと比較することで衝動を抑えることができます。

「好きなこと」を再発見する三つのメモ

例えば、あなたが海外の雑貨や宝飾品を好み、これを輸入するような仕事を始めたいと考えているなら、そのモチベーションをさらに高めるため、起爆剤となる品を買うのもいいでしょう。

その際、重要なのは「いつまでに（期間）」、「いくらで（価格）」買うかを決めることです。例えば、好きな海外作家の30万円するハンドメイドの宝飾品を来年現地に行って買う！　と決めてしまう。すると、通りすがりで気になる品物を目にしても、衝動買いすることはなくなります。

この「欲しいものを決める」という視点は「好きなこと」「得意なこと」がいまひとつ、絞り込めないという人にも役立ちます。

手元にメモ用紙などを用意して、そこに自分の人生で絶対に必要なものを三つ決めて、書き出してみましょう。自分の人生にとってこれは欠かせない、これは必要だ、これがないとワクワクしないというものを三つ上げ、優先順位を決めて書く。その三つに関してはいくらお金を使ってもかまわないと考えます。

もちろん、ここでいう「もの」は「物」ではなく、「やりたいこと」でもかまいません。そして、この三つが書き出せたら、次にかかる費用や実現するための計画を検討し、書き加えていくのです。

その中に必ず「好きなこと」「得意なこと」が含まれています。

ちなみに、この三つがなかなか出てこない人は、自分にとって必要なものがわかっていない状態です。そのままで生きていくのは、店に行くたびに中身も値札もわからない商品を買っているようなもの。再び本書の冒頭に戻って、「自分は何をやりたかったのだろう?」「どんなことが好きだったのだろう?」というステップを踏んでみてください。

もちろん、選んだ三つは「好きなこと」「得意なこと」に磨きをかけていく間に変化していきます。その変化はあなたの成長にともなって周囲の環境が変わっていっている証拠です。

無限ループが完成すると、お金は空気になる

そして、「無限ループ」が回り始めると、あなたにとって「お金」は空気のような存在になります。

特に意識しなくても必要なときに、必要十分な量のお金が手元にある状態です。これは蛇口をひねると、湯水のようにお金が出てくるわけではありません。バブル的な金回りの良さではなく、あなたの使い方、稼ぎ方が必要十分な額と一致することで、「お金」を強く意識する必要のない状態です。

こうなると、お金を追い求めることもなくなります。

なぜなら、人は自然にそこにあるものを追い求めはしないからです。

「ここから、ここまでの空気は自分のだ！」と主張した経験がないように、足るを知

る状態になったあなたは、「お金がなくて将来生活に困るのでは?」「欲しい物、必要な物が手に入らなくてみじめな思いをするのではないか?」「使い方がヘタで、蓄えがまったくできない」「ここ10年、稼ぎがまったく増えていない」といった「お金の悩み」から解放されます。

また、「お金を守る、増やすために管理や節約をしなければ」と家計簿をつける、「お金」について考えるという管理の手間からも自由になれます。

つまり、安らいだ気持ちで日々を過ごしていくことができるのです。

そして、あなたなりの無限ループができあがり、「お金」と「幸せ」のバランスが取れた暮らしが実現すると、時間というお金以上に価値のある資源を自分の本当に好きなことに使えるようになります。

本書が、お金の悩みから解放された人生の一助となることを願っています。

メンタリスト DaiGo

参考文献

■『ORIGINALS 誰もが「人と違うこと」ができる時代』
〈アダム・グラント（著）、シェリル・サンドバーグ（解説）、
楠木建（監訳）、三笠書房〉

■『第１感「最初の２秒」の「なんとなく」が正しい』
〈マルコム・グラッドウェル（著）、
沢田博、阿部尚美（翻訳）、光文社〉

■『ＧＩＶＥ＆ＴＡＫＥ』
〈アダム・グラント（著）、楠木建（監訳）、三笠書房〉

■『その科学が成功を決める』
〈リチャード・ワイズマン（著）、木村 博江（翻訳）、文春文庫〉

■『フロー体験　喜びの現象学』
〈M. チクセントミハイ、今村浩明（翻訳）、世界思想社〉

■『フランクリン自伝 』
〈ベンジャミン・フランクリン（著）、渡邊 利雄（翻訳）、中央公論新社〉

■『[新版] バフェットの投資原則
――世界 No.1 投資家は何を考え、いかに行動してきたか』
〈ジャネット・ロウ（著）、平野 誠一（翻訳）、ダイヤモンド社〉

〈著者紹介〉
メンタリスト DaiGo（メンタリストダイゴ）
人の心を読み、操る技術「メンタリズム」を駆使する日本唯一のメンタリスト。企業研修や講演、コンサルティング、遺伝子解析企業の顧問、大学の特任教授、ＴＶ番組への出演など、幅広い分野で活躍する。
主な著書に『一瞬でＹＥＳを引き出す心理戦略。』（ダイヤモンド社）、『ポジティブ・チェンジ』（日本文芸社）、『自分を操る超集中力』（かんき出版）などがあり、著書の累計発行部数は130万部を超える。

オフィシャルサイト　http://www.daigo.me

「好き」を「お金」に変える心理学

2017年2月3日　第1版第1刷発行

著　　者　メンタリストＤａｉＧｏ
発 行 者　岡　修平
発 行 所　株式会社ＰＨＰ研究所
東京本部　〒135-8137　江東区豊洲5-6-52
ビジネス出版部　☎03-3520-9619（編集）
普及一部　☎03-3520-9630（販売）
京都本部　〒601-8411　京都市南区西九条北ノ内町11
PHP INTERFACE　http://www.php.co.jp/
組　　版　株式会社光雅
印 刷 所　株式会社精興社
製 本 所　東京美術紙工協業組合

ISBN978-4-569-83128-2